SEJA UM FODIDO OBSTINADO

CARO(A) LEITOR(A),

Queremos saber sua opinião
sobre nossos livros.
Após a leitura, curta-nos no
facebook.com/editoragentebr,
siga-nos no Twitter **@EditoraGente**
e no Instagram **@editoragente** e
visite-nos no site
www.editoragente.com.br.
Cadastre-se e contribua com
sugestões, críticas ou elogios.

JANGUIÊ DINIZ

SEJA UM FODIDO OBSTINADO

Como transformar seu sonho em projeto de vida e tornar-se um autêntico empreendedor que cria riquezas!

Diretora
Rosely Boschini

Gerente Editorial
Rosângela de Araujo Pinheiro Barbosa

Editora Júnior
Rafaella Carrilho

Produção Gráfica
Fábio Esteves

Preparação
Amanda Oliveira

Capa
Plinio Ricca

Foto de capa
João Menna

Projeto Gráfico e Diagramação
Linea Editora

Revisão
Giovanna Petrólio

Impressão
Edições Loyola

Copyright © 2022 by Janguiê Diniz
Todos os direitos desta edição são reservados à Editora Gente.
Rua Natingui, 379 – Vila Madalena
São Paulo, SP– CEP 05435-000
Telefone: (11) 3670-2500
Site: www.editoragente.com.br
E-mail: gente@editoragente.com.br

Dados Internacionais de Catalogação na Publicação (CIP)
Angélica Ilacqua CRB-8/7057

Diniz, Janquiê
   Seja um fodido obstinado: como transformar seu sonho em projeto de vida e tornar-se um autêntico empreendedor que cria riquezas! / Janguiê Diniz. – São Paulo: Editora Gente, 2022.
   288 p.

ISBN 978-65-5544-285-4

1. Desenvolvimento profissional 2. Empreendedorismo I. Título

22-5453　　　　　　　　　　　　　　　　　　　CDD 650.14

Índice para catálogo sistemático:
1. Desenvolvimento profissional

Nota da Publisher

O que é ser obstinado para você? Persistir naquilo em que acredita? Insistir em um sonho? Para Janguiê Diniz, fundador de um dos maiores grupos de educação do país, o Ser Educacional, e autor da Gente, ser obstinado é buscar o sucesso com todas as forças sem se deixar abalar pelos desafios e derrotas no caminho.

Em *Seja um fodido obstinado*, você perceberá, leitor e leitora, que todos os que realizaram grandes feitos e impactaram o mundo não se contentaram com pouco. Eles foram além e, com dedicação e comprometimento, materializaram seus sonhos. E, com esse conteúdo poderoso presente em suas mãos, você também poderá se tornar um obstinado como essas pessoas, como o próprio Janguiê.

Aqui, você entenderá como deixar de vez como acessar o fodido obstinado que existe dentro de você! Além disso, esta leitura mostrará a você o caminho definitivo para adotar um mindset imparável, dominar habilidades, seguir aprendendo, cultivar aliados e, por fim, ser o empreendedor obstinado que nasceu para ser. Vire a página e comece sua jornada rumo à prosperidade e à realização.

ROSELY BOSCHINI
CEO e Publisher da Editora Gente

Sumário

Prefácio 8

Introdução 10

1   É preciso ser obstinado 12

2   O mundo é dos obstinados 18

3   Radiografia de um obstinado 26

4   Ser um obstinado com um mindset ágil 44

5   Ser um obstinado antifrágil 72

6   Ser um obstinado imparável 94

7   Ser um obstinado com domínio de soft skills 126

8   Ser um obstinado com domínio da inteligência emocional 146

9 Ser um obstinado com habilidades sociais e relacionais desenvolvidas................158

10 Ser um obstinado com diferenciais exclusivos 178

11 Ser um obstinado com lifelong learning...................................212

12 Somando forças com outros obstinados...234

13 O termômetro do fodido obstinado......254

14 Seja o obstinado que o mundo quer e do qual precisa 272

Bibliografia..280

Currículo do autor........................284

Prefácio

Fiquei muito feliz e honrado com o convite do meu querido amigo Janguiê Diniz para escrever brevemente este prefácio. Tenho uma alegria enorme em contribuir com conteúdos que verdadeiramente transformam e têm a capacidade de incentivar positivamente a vida das pessoas.

Seja um fodido obstinado – eis o título de sua nova obra – é forte, apimentado e reflete algo muito poderoso para mim. Conhecendo a fundo a história desse grande empreendedor empresarial, isso se intensifica mais e mais, pois devemos ter atitude, coragem, ousadia e muita determinação para alcançar os nossos objetivos.

O termo obstinado tem sua etimologia, ou seja, sua origem, no latim *obstinatu* e descreve alguém que segue em frente e sempre persiste, algo fundamental na vida de qualquer pessoa que deseja realizar seu objetivo de maneira verdadeira. E nos colocarmos na posição de aluno, como você está fazendo agora, é vital, afinal, você não tem todo o tempo do mundo para aprender com seus próprios erros, é preciso ter inteligência para aprender com os erros e acertos de outras pessoas.

A melhor maneira de você ler este livro é com fome de fazer acontecer, de sair do ponto que você está agora e ter o desejo ardente de ir para seu próximo nível. Tenho total certeza de que, absorvendo este conteúdo, reconhecendo o que precisa mudar e promovendo

os ajustes necessários em sua rota, seu triunfo será certo, pois não podemos nos esquecer de que ninguém segura uma pessoa altamente obstinada! Como diz o autor: seja um fodido obstinado, que dá para transformar todos os seus sonhos em realidade.

Eu acredito em você. Sucesso!

Caio Carneiro
Empreendedor, expert em vendas diretas
e autor best-seller

Introdução

Seja *um fodido obstinado, jamais um fudido vitimizado.* Muito mais do que uma frase de impacto, esse é um convite para que você se torne o melhor que pode vir a ser e que conquiste na vida o máximo que sabe merecer.

Mas, o que significa exatamente essa expressão? Se verificarmos os dicionários, veremos que embora na definição a palavra correta seja "fodido", com "o", também encontraremos no linguajar corriqueiro, do dia a dia, o uso constante do verbete "fudido", com a letra "u". Qual é a diferença? Vejamos:

"Fodido" significa alguém que se deu mal na vida, arruinado, desesperado, que se meteu em enrascadas. Já a palavra "fudido" tem mais o tom de sem saída, ferrado, lascado, com problemas, em situação difícil. Ainda parece ser a mesma coisa, em termos conceituais, mas é no uso popular dessas palavras que elas mostram toda a sua diferença.

É no linguajar do dia a dia que distinguimos claramente essas duas palavras: dizer "eu estou fudido" significa que a pessoa está na pior situação possível. Dizer "eu sou foda", por outro lado, traz a ideia de que a pessoa é a melhor naquilo que faz, que enfrenta qualquer problema e se sai bem, que não foge da raia, que encara qualquer desafio. É aí que está a grande diferença.

É baseado nessa diferença que gosto de usar essas duas palavras para definir alguém que é um empreendedor obstinado de sucesso, ou

seja, um fodido obstinado. E deixo claro que ele é totalmente diferente de alguém que é um fracassado, ou ainda, um Fudido Vitimizado.

Tomando emprestado as palavras de Ricardo Bellino, ressalto aqui a diferenciação que ele faz em seu livro *Ninguém é f#dido por acaso* (para o qual tive o prazer de escrever o prefácio):

> **Ser fodido é ser foda. É algo irado! É poderoso! Já ser fudido é completamente o contrário. Não tem nenhum significado fodástico... Então decidi escrever este livro para demonstrar o poder que uma simples letra, neste caso a troca do "u" pelo "o", pode ter na vida das pessoas.[1]**

Enfim, a minha missão aqui é a de levantar pessoas e as ajudar a se erguerem até o patamar mais alto do sucesso. Mas para que isso realmente aconteça, tudo depende exclusivamente da própria pessoa. Ela tem que estar decidida e disposta a ser um fodido obstinado, jamais um fudido vitimizado. E tudo começa com tornar-se primeiramente um obstinado.

Janguiê Diniz

---

[1] BELLINO, R. **Ninguém é f#dido por acaso**: um guia prático anticoitadismo. Porto Alegre: Citadel, 2019.

1

É preciso ser obstinado

Há uma verdade na busca pelo sucesso que muitos ignoram e que, por isso mesmo, não obtêm êxito em seus empreendimentos. Muitos dos empreendedores que ficam pelo caminho, sem atingir seus objetivos, não empregam a essa busca a energia correta, na intensidade e com a frequência necessárias. Falta-lhes energia de qualidade para as ações fundamentais que definem a vitória. E isso é uma questão de postura diante da vida e do modo de ser e agir no empreendedorismo. Sendo bastante direto, a verdade nua e crua é esta: ou você é ou se torna um obstinado, ou logo estará fora do páreo e jamais terá a chance real de se tornar um milionário.

Antes de seguirmos adiante é importante definir claramente do que estamos tratando quando falamos em pessoas obstinadas. Ser obstinado é, em primeiro lugar, buscar o sucesso com todas as suas forças e sem se deixar deter ou intimidar por desafios ou eventuais derrotas. É ter a coragem e a determinação para arriscar coisas grandiosas, para alcançar triunfos e glórias, mesmo se expondo à possibilidade de fracasso. É trabalhar duro e determinadamente, e jamais se juntar àquela grande parcela da população que, conforme afirmou Theodore Roosevelt, ex-presidente norte-americano, são "os pobres de espírito que nem gozam muito nem sofrem muito porque vivem em uma penumbra cinzenta que não conhece vitória nem derrota".[2] Ser obstinado é ser decidido e comprometido até a alma com aquilo que você sonha realizar.

O termo obstinado tem origem no latim *obstinatus*[3] e descreve alguém que não se corrompe e não pode ser persuadido ou convencido. Denota as características de quem persiste, insiste e não desiste facilmente de sua opinião ou de sua convicção. Diz respeito a um sujeito que persevera, que se mantém firme em sua trajetória, alguém que insiste em seus intentos, que tem objetivos claros e que não abre mão de alcançá-los. Alguém que sempre tem energia extra e a usa por completo na busca de suas realizações.

Porém, os dicionários alertam que ser obstinado também é agarrar-se firmemente a uma ideia, "mesmo que ela esteja errada". É ser alguém inflexível, intolerante, teimoso, turrão – características que nem sempre são favoráveis à conquista do sucesso.

Embora esta última colocação envolva certos riscos e seja algo não muito desejável, quero ressaltar aqui que, neste livro, o termo obstinado será usado somente com o viés positivo, o que me deixa à vontade para aconselhar qualquer pessoa que queira vencer na vida a se tornar fortemente determinada.

Quem é obstinado detém uma mentalidade ilimitada de crescimento e de riqueza e tem a certeza de que suas habilidades e competências podem ser ampliadas por meio da educação e do conhecimento continuado para que possa sempre evoluir, prosperar, conquistar riqueza financeira, enfim, voar muito mais alto, independentemente

---

[2] ROOSEVELT, T. **The strenuous life**. 10 abr. 1899. Disponível em: https://voicesofdemocracy.umd.edu/roosevelt-strenuous-life-1899-speech-text/. Acesso em: 19 set. 2022. Tradução nossa.

[3] OBSTINATUS. *In*: WORDSENSE Dictionary. Dubai: Doktor SEO, 2022. Disponível em: https://www.wordsense.eu/obstinatus/. Acesso em: 5 set. 2022.

das circunstâncias ou da realidade em que vive. Dessa forma, o obstinado é alguém que tem mais chances de realizar seus sonhos, seja na vida pessoal ou profissional, na prática empreendedora ou na área empresarial.

Indo um pouco mais além, com o objetivo de desenvolver a obstinação nas pessoas que oriento, nas atividades que desenvolvo com elas resolvi adotar também a expressão "fodido obstinado", um termo forte e enérgico com o qual defino o empreendedor que é a personificação da pessoa que não mede esforços para atingir seus objetivos. Com essa expressão pretendo estimular o guerreiro que existe dentro de cada um, trabalhando a ideia de que *fodido obstinado é aquele profissional que faz do seu sonho um projeto de vida e sempre consegue transformá-lo em realidade.*

Quem é um fodido obstinado sonha grande e encara sonhos impossíveis, transformando-os em possíveis, elabora propósitos verdadeiros e valorosos e empreende grandes sacrifícios para gerar a realidade que deseja construir. E quando realiza seus objetivos, de imediato sonha novamente, recomeça o processo e segue realizando. Por isso, costumo dizer que a obstinação é um estado de espírito, um estilo de vida em que o único resultado aceitável é ser um vencedor, tanto na vida pessoal quanto nos negócios.

Existem muitas vantagens em se tornar um fodido obstinado, por exemplo: elevar sua autoestima e autoconfiança; desenvolver a serenidade para não sucumbir a críticas negativas; aumentar sua energia e sua força de vontade diante dos obstáculos mais difíceis; ter clareza em relação ao que deseja realizar; ter maior facilidade em manter o foco no que realmente interessa sem se deixar influenciar por elementos externos que nada acrescentam aos seus objetivos.

Não importa onde iniciam suas jornadas, os fodidos obstinados sempre descobrem como chegar aonde querem. A despeito dos desafios, dos obstáculos e das pedras que aparecem, eles encontram as melhores maneiras para superar todas as adversidades e seguir adiante.

A estrada para o sucesso e para a riqueza passa pela obstinação positiva. Neste livro você vai descobrir o que precisa saber e fazer para se tornar um verdadeiro fodido obstinado e conquistar sucesso pessoal, profissional e financeiro, realizar tudo o que sonha e, ainda, influenciar muitas pessoas na direção de suas próprias conquistas.

Aqui você encontra informações e sugestões para desenvolver as principais características de um obstinado enquanto lê sobre temas como a importância do mindset ágil, a necessidade de se ter uma postura antifrágil, as habilidades que levam o empreendedor a ser imparável, o domínio de soft skills, as competências socioemocionais e relacionais como base para o sucesso, o lifelong learning como ferramenta de atualização e de inovação no empreendedorismo, além de diversos outros diferenciais exclusivos que fazem do empreendedor um verdadeiro fodido obstinado.

Enfim, você vai perceber como é fácil reconhecer um obstinado: ele é ousado, corajoso, arrojado, atrevido, destemido, otimista, positivo, motivador, criativo, inovador, autoconfiante e dono de uma ótima autoestima. Por esses e tantos outros motivos, ele é também e acertadamente chamado de **fo**dido obstinado, com "o", e jamais de **fu**dido vitimizado, com "u". Ele é um guerreiro, pois sonha, transforma seu sonho num projeto de vida, age com força e dedicação e sempre faz de seu sonho uma realidade.

Neste livro vamos falar muito sobre como se tornar um obstinado. Mas lembro a você que ser obstinado é apenas o primeiro nível de valor de um autêntico empresário de sucesso. O grau mais elevado no ranking de pessoas bem-sucedidas, milionárias e felizes é a categoria de fodido obstinado. Você vai aprender tudo o que precisa para se tornar um obstinado potente e, com essa bagagem, vai também entender que esse mesmo caminho, trilhado com dedicação e determinação, o levará a ser o máximo dentro dessa categoria.

Portanto, prepare-se, coloque mãos à obra e se torne um fodido obstinado – e jamais um fudido vitimizado. Aprenda aqui tudo o que você precisa saber e fazer para se tornar um empreendedor pronto para conquistar o verdadeiro sucesso e ficar milionário.

2

O mundo é dos obstinados

O mundo onde imperam o sucesso e a riqueza pertence aos obstinados e não há como negar essa verdade. Talvez você ainda não tenha percebido, mas por trás de toda carreira bem-sucedida, de todo empreendedor milionário, nos bastidores de todo negócio próspero e vitorioso, existe uma pessoa obstinada. O fato incontestável é que somente um empreendedor *obstinado*, *inconformado*, *compulsivo* e *patológico* é capaz de realizar coisas grandiosas. Os demais serão apenas coadjuvantes nessa história.

Sou uma prova viva de que a obstinação é uma ferramenta imprescindível para o sucesso, para a prosperidade e para a riqueza financeira. Foi com ela que construí resultados que me colocaram na lista da revista *Forbes*, foi sendo obstinado que me tornei mestre e doutor em Direito, fundei o grupo Ser Educacional e conquistei a posição de presidente do Instituto Êxito de Empreendedorismo, entre tantas outras conquistas que não preciso enumerar neste espaço, pois são notórias e já foram bastante divulgadas.

O que quero é chamar a sua atenção para o fato de que, talvez assim como você, eu não nasci em berço de ouro, não fui privilegiado, não tive o apoio e a ajuda de grandes fortunas para chegar aonde cheguei; nem mesmo tive sorte. Estou dizendo tudo isso para mostrar que se eu consegui chegar a um alto nível de sucesso, você também pode. O que define o meu triunfo é o fato de eu ser um verdadeiro obstinado pelo que busco. É isso que faz a grande diferença.

Pode até ser que você tenha tido – ou ainda tenha – em sua vida melhores condições de ser bem-sucedido do que eu tive em minha jornada. E talvez ainda não tenha conquistado todo o êxito e a fortuna que planejou. Então pare por um momento e responda: qual é a diferença entre os meus resultados e os seus? Chegamos ao mesmo patamar de sucesso? Acredite: ficarei muito feliz em dar-lhe os parabéns se você me disser que foi tão longe – ou mais longe ainda – e conquistou tanto quanto sempre desejou em seus empreendimentos. Mas sei que poucos são os empreendedores que vão tão longe.

Talvez você esteja se sentindo incomodado com o que eu disse, mas não estou aqui para deixá-lo confortável na posição em que está. Muito pelo contrário. O que quero é provocá-lo e convidá-lo a sair de sua zona de conforto e da postura acomodada de achar que chegará ao sucesso e tornar-se-á um milionário fazendo o mínimo necessário para sua sobrevivência. Estou aqui para fazê-lo acordar dessa ilusão e passar a ser dono da sua vida.

Se você é um empreendedor, está em busca de um sucesso esmagador, quer multiplicar seus resultados e se tornar muito rico; se deseja mudar sua existência da água para o vinho, quer fazer uma diferença real na própria vida e no mundo, você precisa, sobretudo, transformar-se em um verdadeiro incansável por vencer e fazer fortuna.

Sem obstinação, fatalmente, em algum momento, você sucumbirá diante de um desafio que se mostre maior do que aqueles que está acostumado a enfrentar, entregar-se-á ao desânimo ou à descrença do seu próprio potencial e terá grande chance de abandonar os seus sonhos no meio do caminho e pôr tudo a perder.

O que define o meu triunfo é o fato de eu ser um verdadeiro obstinado pelo que busco. É isso que faz a grande diferença.

Posso lhe dizer aqui, com convicção, que transformei todos os meus sonhos em realidade porque, de maneira intensa e proativa, superei todas as dificuldades trabalhando de modo ético e obstinado. Foi assim que construí meu sucesso pessoal, profissional e empresarial, conquistando prosperidade e riqueza financeira.

É com base em uma extensa experiência profissional e pessoal de muita obstinação, que me possibilitou construir um verdadeiro império na área da educação, que aconselho você a se tornar um "obstinado a vencer na vida". Essa é uma característica essencial que deve ser cultivada diariamente se o seu objetivo é se destacar e conquistar seu lugar no mundo de maneira exemplar, diferenciada e admirável.

No meu cotidiano, interagindo com grandes empresários e também orientando centenas de empreendedores que estão construindo seus negócios, vejo muita gente querendo "ser grandioso", ter êxito e ficar milionário. Isso é algo muito bom, pois a vontade é o primeiro passo para a realização. No entanto poucos são os que realmente estão dispostos a lutar por isso, a passar por todo o processo de amadurecimento necessário, sem desistir de seus propósitos.

Se você está apenas iniciando sua jornada rumo ao sucesso empresarial, lembre-se de que está tudo bem começar pequeno, com pouco, mas tenha em mente que precisará suar muito, trabalhar incansavelmente, vencer diversas batalhas, para se desenvolver. É preciso lutar, aperfeiçoar-se, buscar novas e melhores oportunidades para progredir e subir os degraus em sua carreira. E o mais importante: jamais desistir. Acima de tudo, é preciso ter em mente que desistir não é uma opção quando se quer chegar longe.

Estou aqui para provocá-lo e desafiá-lo a enfrentar os obstáculos em busca da prosperidade, sem jogar a toalha quando as dificuldades aparecerem. Quero lhe dizer que você tem que se tornar um fodido obstinado se o resultado que busca está muito além do que a maioria consegue.

Um obstinado sabe que as maiores realizações da humanidade foram conquistadas por quem não desistiu mesmo quando tudo parecia estar perdido. Com isso em mente, ele nunca deixa de lutar pelos seus objetivos, ele transforma sua vida, sua história e seu destino para conquistar tudo o que sonha.

Independentemente do que você deseja alcançar, o que vai mantê-lo na rota, o que o fará chegar aos seus propósitos, será a sua obstinação. Apenas com isso em mente você alcançará a realização, o sucesso e a liberdade financeira.

Se você é um empreendedor, um colaborador em uma empresa ou um autônomo e quer potencializar seus resultados, ou mesmo se está lendo esta obra com outros interesses pessoais, que não sejam ligados à vida profissional, posso lhe dizer que aqui você encontrará ideias e propostas de crescimento que podem transformar positivamente a sua vida e o seu destino.

A obstinação vai mudar a sua vida radicalmente, vai transformá-lo em um vencedor e vai lhe abrir as portas para um mundo milionário e, quiçá, bilionário. Por isso lhe faço este desafio: torne-se um fodido obstinado. Ou fique de fora do jogo do sucesso e da riqueza financeira. O mundo é dos obstinados e você pode ser um deles. Os seus resultados só dependem de você, das suas decisões e das suas ações.

Nadar e morrer na praia

Uma das coisas mais importantes que temos de entender quando empreendemos é que nem todos que tentam são bem-sucedidos. Precisamos pensar um pouco sobre quem vence e quem desiste na trilha do empreendedorismo e por que isso acontece. Uma das coisas mais comuns nesse mundo dos negócios – e também em muitas áreas da vida profissional e particular das pessoas – é "o indivíduo nadar, nadar e nadar, e morrer na praia". Isso lhe é familiar?

Falta certa teimosia positiva

Por que isso acontece? Existem muitas razões que levam a isso, mas posso afirmar, sem sombra de dúvida, que por trás de todas elas existe a falta de perseverança, de persistência, não existe aquela teimosia positiva que faz a pessoa insistir em seus objetivos até que eles deem certo. Ou seja, o sujeito **não é obstinado o suficiente** para levar suas ações e sua determinação até o fim da empreitada, até o momento em que ele efetivamente se consagra um vencedor.

Viver em letargia

É bastante simples observar que pessoas não obstinadas podem até se permitir sonhar, acreditar, aprender. Porém, devido às circunstâncias normais da vida, que nos colocam em xeque e nos exigem enfrentamentos, de modo frequente chegamos a um ponto em que somos especialmente desafiados e duramente exigidos. E é nesses momentos que quem não é obstinado começa a achar que não é capaz de vencer e passa a se sentir um coitadinho e, portanto, não se considerar digno e merecedor de materializar seus ideais.

Assim, a pessoa se acomoda, deixa de acreditar em si mesma, não age, não estuda, não evolui e não luta, e coloca seus sonhos a perder. Passa a viver em uma inércia paralisante, na qual predominam o desinteresse, a indiferença, o marasmo, o desânimo e, em casos bastante frequentes, a preguiça, que lhe consome toda a vontade de lutar e vencer.

Sem obstinação não tem solução

Pois bem, já temos claro em mente que a grande razão por trás da maioria dos fracassos das pessoas é a falta de obstinação. Para ilustrar um pouco mais essa ideia, quero fazer um paralelo com uma proposta lançada pelo psiquiatra, jornalista e escritor brasileiro Roberto Freire, no final dos anos 1980. Em seu livro homônimo, Freire afirmou: "Sem tesão não há solução".[4] Parafraseando o psiquiatra, digo que "sem obstinação não tem solução", considerando que a perseverança na busca pelos nossos objetivos tem que ser nosso verdadeiro "tesão" por essa realização, que devemos estimular ao longo de toda a nossa jornada rumo ao sucesso.

Qualquer indivíduo que não seja obstinado quanto ao que deseja realizar, que não sinta verdadeiro prazer, que não tenha tesão em buscar incessante e incansavelmente seus propósitos, está sujeito a cair na armadilha de se sentir "miserável", "coitadinho", "sem sorte", "não merecedor", e passar o tempo reclamando da vida e estagnado nela.

Quem abre mão da obstinação se arrisca a "viver em caixinhas viciadas", fazendo sempre mais do mesmo, permanecendo no "piloto automático", vivendo somente no "lugar comum", na "mesmice", abandonando a si mesmo em uma "falsa zona de conforto"; fica preso aos paradigmas negativos em que acredita, pensa que o sucesso e a riqueza são reservados a poucos privilegiados e que para que alguém possa ganhar, outros precisam perder. Com tantos pensamentos errados, negativos e desvirtuados, acaba desistindo, mesmo inconscientemente, de subir na vida.

---

4 FREIRE, R. **Sem tesão não há solução**. Rio de Janeiro: Guanabara, 1987.

Radiografia de um obstinado

Para interiorizarmos e mantermos clara a ideia do que realmente é preciso para se chegar ao sucesso verdadeiro, pleno e duradouro, vamos nos aprofundar no que significa ser um verdadeiro obstinado.

Você, um obstinado

Talvez você já tenha passado pela seguinte situação: você se doou muito a um projeto, mas parou de se dedicar antes que ele desse frutos. Isso é bastante comum e todos nós já passamos, vez por outra, por algo assim. Muitas vezes, falta-nos a obstinação necessária para levarmos até o fim o que tínhamos planejado e acabamos desperdiçando nossos esforços e não conquistando o que desejávamos.

É preciso ter consciência de que sem obstinação fica tudo mais difícil e que você pode ceder com mais facilidade diante de um desafio maior, ou mesmo sucumbir ao cansaço em um período de lutas mais longo e mais difícil que você enfrente. E é bastante provável que você se entregue ao desânimo ou à descrença de seu próprio potencial, arriscando-se a pôr tudo a perder, a abandonar os seus sonhos sem tê-los alcançado.

Ser ou tornar-se um obstinado é essencial para o sucesso. Por essa razão, esta nossa conversa precisa esclarecer alguns conceitos, definir algumas ideias e avaliar em que ponto você se encontra quanto a ter essa característica realmente incorporada ao seu modo de ser e agir. Sim, você precisa ser um obstinado, mas de maneira positiva, senão você será apenas teimoso, turrão e pode perder as melhores oportunidades da sua vida.

Obstinação negativa e obstinação positiva

Conforme afirmei no início deste livro, existem a obstinação negativa e a positiva, e é importante diferenciá-las uma vez que as duas se aplicam à ideia de ser um obstinado. Devemos ter isso bem claro para optarmos pelo lado certo, aquele que realmente nos convém.

A obstinação positiva nos leva a realizar nossos objetivos, enquanto a negativa pode nos afastar de nossas metas e nos impedir de concretizar os nossos sonhos. Obviamente, iremos concentrar nossa atenção e nosso trabalho na promoção e no desenvolvimento da obstinação positiva.

Do lado positivo, o obstinado deve ser: persistente, insistente, firme, perseverante, incansável, determinado, resiliente. E pelo viés negativo, algumas características indesejáveis, que precisam ser evitadas, são: ser um profissional inflexível, intransigente, irredutível, rígido, intolerante, implacável, teimoso, birrento, relutante e que não aceita opinião alheia.

Em suma, a obstinação pode ser uma bênção ou uma maldição, tudo depende de como a usamos na nossa vida. Mas uma coisa é certa: sem obstinação positiva seu sucesso não tem solução. Avalie, sempre com muita atenção, as situações em que você deve ser obstinado, e decida pelo viés positivo da palavra e das ações que você deve tomar.

Situações usuais em que falta obstinação positiva

Grande parte das pessoas que encontro e que não têm sucesso pecam por algumas das situações que vou listar a seguir. Quem sabe você se identifique com algumas delas e perceba que está vivendo circunstâncias que o impedem de ser obstinado e atrapalham o seu triunfo. Se esse for o caso, o primeiro e importante passo para mudar o contexto é se conscientizar de quais são as suas amarras, o que está atrapalhando a sua jornada de conquistas.

Em geral, quem não é positivamente obstinado tem em seu modo de ser determinados comportamentos, certas atitudes e características, como:

➡ Ausência de teimosia positiva que o mantenha sempre dando o próximo passo, ainda que as condições sejam desfavoráveis. Sem essa característica, o profissional normalmente não insiste em seus objetivos até eles darem certo;
➡ Incapacidade de suportar as provações quando é especialmente desafiado e duramente exigido por longos períodos, o que o leva a desistir de tudo;
➡ Crença de que não é capaz de vencer e que o sucesso e a riqueza são reservados a poucos privilegiados. Acredita, ainda, que para que alguém possa ganhar outros precisam perder. Diante dessa suposta competição eliminatória, deixa de acreditar em si mesmo, desanima, acomoda-se, não age, não estuda, não evolui, não luta e coloca seus sonhos a perder;
➡ Falta de determinação para levar suas ações e sua luta até o fim da empreitada, não se mantém animado e estimulado ao longo de sua jornada rumo ao sucesso. A falta de perseverança e de

persistência põe a perder todos os esforços, faz com que ele morra na praia mesmo depois de ter nadado muito;
- Não se considera digno e merecedor de materializar qualquer ideal. O sentimento de ser um coitadinho, um miserável, toma conta da pessoa e tira sua energia. Ela passa o tempo todo reclamando da vida ao invés de aproveitar as oportunidades para crescer; vive em uma inércia paralisante e se deixa tomar pela letargia, pelo desinteresse, pela indiferença, pelo marasmo, pelo desânimo;
- Vive fechado em "caixinhas", fazendo sempre mais do mesmo, permanecendo no "piloto automático", vivendo somente no "lugar comum" e na "mesmice", abandonando a si mesmo em uma "falsa zona de conforto". Com frequência, deixa a preguiça consumir a vontade de lutar por seus objetivos;
- Não sente verdadeiro prazer em buscar incessante e incansavelmente pelos resultados e por isso se sente "miserável", "coitadinho", "sem sorte", "não merecedor". Não tem verdadeiro "tesão" por suas realizações e não busca pelos seus objetivos com a garra necessária;
- Não encontra solução para sua vida, uma vez que fica preso aos paradigmas negativos que acredita. Essa é a grande razão por trás da maioria dos seus fracassos. Apoia-se em tantos pensamentos errados, negativos e desvirtuados que acaba desistindo de subir na vida.

Leia com atenção todas as possibilidades e se avalie em cada uma delas. Analise como andam as suas atitudes na busca por seus objetivos, perceba o quanto você já é (ou não é) um obstinado e defina onde você pode melhorar.

O verdadeiro obstinado

A esta altura da nossa conversa já ficou nítido que a solução que leva ao sucesso e à riqueza tem um componente indispensável: a obstinação. Claro, ainda precisamos agregar a isso muitas outras condições – que discutiremos nos próximos capítulos – que favorecem que nossos resultados sejam positivos e maximizados, mas não tenho dúvidas de que sem obstinação não se chega a lugar algum. Nenhum sucesso acontece plenamente se você não for um obstinado.

Você deve escolher ser, trabalhar bastante e se empenhar muito para tornar-se um obstinado. E lembre-se de que esse tipo de profissional:

- É detentor de uma mentalidade ilimitada de crescimento e de riqueza;
- Tem a convicção de que suas habilidades e competências podem ser ampliadas por meio da educação e do conhecimento continuado;
- Investe em aprender sempre para que possa evoluir e prosperar;
- Sabe que pode sempre voar mais alto, independentemente das circunstâncias ou da realidade em que vive;
- Não desiste nunca nem para de lutar por aquilo que acredita.

Todo obstinado também é muito grato por tudo o que conquistou, é altamente otimista e um inconformado patológico. Ele nunca para depois de uma vitória, as conquistas se transformam em energia para a próxima jornada. Ele entende que seus sonhos são mapas em direção ao sucesso e coloca toda a sua força e toda a sua energia em ações para converter suas ideias em planos e estratégias concretas que lhe permitem alcançar seus objetivos.

O obstinado é uma pessoa com imensa potência interna, capaz de revolucionar sua realidade. Ele ama a vida e a respeita, por isso busca viver intensamente, entregando sempre o seu melhor em tudo que faz.

Como se comporta um obstinado

Decidir viver com obstinação significa não terceirizar sua história e seu destino, escolher ser o herói da própria vida, viver em aceleração constante e em harmonia com as diversas formas de riqueza, sempre em rota ascendente de sucesso e prosperidade.

Os obstinados agem e fazem acontecer e não param nunca, e têm como dogma que a vida é "uma questão de fazer até dar certo e não apenas se der certo". Eles pensam por conta própria e não aceitam que algo é impossível. Para eles, quando se age com determinação, dedicação, compromisso e planejamento, o "impossível" é perfeitamente realizável, pois é feito de "várias partes possíveis".

A programação mental de um obstinado é sempre direcionada para executar tudo o que for necessário para alcançar os seus sonhos, e ele se dedica diariamente às partes possíveis para conquistar o impossível.

Um obstinado sabe que os sonhos considerados impossíveis não são sonhos irrealizáveis e, sim, grandiosos, que exigem empenho e esforço excepcionais. É por esse motivo que ele quer realizar mais do que os outros, esforça-se mais do que todos e faz mais que o necessário para cumprir as tarefas e materializar seus ideais e propósitos de vida.

Seu grande trunfo é a consciência de que todo ser humano tem que desejar ser algo e, em seguida, colocar toda sua fé, sua crença, sua vontade e seu trabalho duro para tornar suas metas exequíveis.

Ele sabe que quem pensa pequeno corre o risco de não adquirir nada ou conquistar apenas migalhas, portanto, sempre tem sonhos grandes e faz deles seu propósito de vida, trabalhando arduamente e lutando por sua realização.

Outro ponto que define o sucesso de um obstinado é que ele não deixa ninguém para trás. Ele inspira, motiva, conduz e estende a mão para seus colaboradores, sua família, seus amigos e para as pessoas ao seu entorno de modo geral. Ele respeita a todos e jamais pisa em alguém para subir na vida – pelo contrário, ele sabe que todo o seu êxito só terá sentido e só será sólido e sustentável quando ele promover, ao mesmo tempo, o sucesso de todos que estão ao seu redor e contribuem com sua escalada. O obstinado sabe que será mais bem-sucedido quanto maior for o número de pessoas que ele ajudar.

As sete virtudes principais de um obstinado

Você já sabe que ser um obstinado significa ser ousado, corajoso, arrojado, destemido, atrevido, determinado, dedicado, compromissado, disciplinado, perseverante, focado, otimista, positivo, enfim, um guerreiro imparável. Também significa ser motivador, ter boa autoconfiança e autoestima altíssima, inspirar confiança e ser muito criativo e inovador.

Também sabemos que o obstinado não para no meio do caminho, não desiste diante de qualquer situação e vai até o fim em busca de seus objetivos, por mais difícil que seja. Agora, é preciso dizer que para se manter no caminho e renovar o poder desse comportamento, um obstinado se apoia em sete virtudes:

1. **Prudência, com ousadia**

   O obstinado age com ponderação e sensatez, mas não se deixa paralisar pelo desafio ou pela dúvida; não age de modo inconsequente, mas não deixa de fazer o que for preciso.

2. **Fortaleza, com clareza**

   O obstinado é dono de muita força, porém não a usa sem ter a certeza de qual é o melhor caminho a seguir.

3. **Temperança, com moderação**

   O obstinado é dono de grande sobriedade, mas não deixa que isso o impeça de ousar além dos limites quando é necessário.

4. **Senso de justiça, com imparcialidade**

   O obstinado faz o que é melhor para todos mesmo quando busca realizar seus próprios interesses. Ele não acredita que para que ele ganhe outros tenham que perder.

5. **Fé, com compromisso e convicção**

   O obstinado não deixa que a incredulidade e o ceticismo atrapalhem seus planos. Sempre busca forças em algo maior do que ele e, independentemente de religião, acredita que há um porto seguro onde se abrigar nos momentos de tempestade.

6. **Esperança, com ação**

   O obstinado sempre tem esperança de que tudo vai dar certo e que seus sonhos vão se realizar, mas não se senta à sombra de uma árvore esperando que as coisas caiam do céu. Antes, ele parte para a ação em busca de realizar o que deseja.

7. Caridade, com sentimento de gratidão

O obstinado sabe que recebe muito em sua existência como resultado do seu trabalho e de seu empenho, e é muito grato por tudo. Ele expressa sua gratidão devolvendo ao mundo e às pessoas o que recebe em abundância.

Autoavaliação do obstinado

Faça agora uma rápida avaliação para descobrir como você se encontra com relação a essas sete virtudes:

1. Na tabela a seguir, atribua notas de 0 a 10 conforme você sente que se comporta em cada uma delas (nota 10 para quem pratica a virtude 100% das vezes).

	VIRTUDE DO OBSTINADO	SUA NOTA
1	Prudência, com ousadia	
2	Fortaleza, com clareza	
3	Temperança, com moderação	
4	Senso de justiça, com imparcialidade	
5	Fé, com compromisso e convicção	
6	Esperança, com ação	
7	Caridade, com sentimento de gratidão	
	SOMA DAS NOTAS	

2. Some todas as suas notas e avalie seu resultado:
➥ Caso a soma de suas notas seja igual ou maior a 50, você pode se considerar razoavelmente obstinado. Mas, ainda assim, é importante que continue a investir no desenvolvimento dessa característica, fundamental para o sucesso de qualquer pessoa;

➡ Caso a soma das suas notas fique abaixo dos 50 pontos, sugiro que você releia este livro diversas vezes e passe a aplicar em sua vida, rigorosamente, tudo o que aqui é recomendado.

3. Trace um plano para melhorar as virtudes que sentir que estão em um padrão abaixo do que você espera.
4. Coloque em ação o que você planejou.
5. Refaça esse teste depois de trinta dias de execução do seu plano e avalie o que mudou.
6. Para se tornar um obstinado que realmente conquista o que quer é preciso cultivar e desenvolver essas sete virtudes e consolidar tudo com muita atitude mental positiva.

Um obstinado a caminho do sucesso e da riqueza

Para se tornar um obstinado e fazer parte do grupo de pessoas que realmente vencem na vida é primordial realizar um trabalho intenso e determinado com você mesmo, em diversos pontos técnicos e de preparação para o empreendedorismo. Em especial, é preciso cuidar dos aspectos emocionais e motivacionais que o movem, lidar bem com suas emoções é uma das principais chaves para conquistar todo o sucesso com o qual você sonha.

As emoções fazem parte de uma área fundamental para estabelecermos relacionamentos de qualidade – tanto com outras pessoas quanto conosco mesmos –, que são a base de tudo o que pretendemos construir, tanto na vida pessoal quanto na vida profissional.

É importante focar no trabalho com nossas emoções e sentimentos em harmonia, afinal, em nossa vida, a verdadeira transformação só ocorre a partir de nós mesmos, de dentro para fora, do nosso interior para o mundo. Harmonizar e gerenciar nossas emoções é essencial para construirmos elementos que nos levem a encontrar o equilíbrio necessário para nos tornarmos obstinados. Sobre esse assunto das emoções trato com mais propriedade em outros materiais que publiquei.

Existem outros pontos que contribuem de modo essencial para o desenvolvimento da obstinação e tornam mais constantes a realização dos sonhos e a concretização do sucesso e da riqueza. Como ferramenta de apoio nessa sua jornada, sugiro que você leia o meu livro *O código secreto da riqueza*.

Como se tornar mais obstinado

Para complementar os aspectos estudados até agora, existem duas etapas que considero fundamentais para você se tornar e ser cada vez mais obstinado. Elas devem ser aplicadas sistematicamente em sua rotina para maximizar os resultados. São elas:

1. Avalie periodicamente a sua obstinação. Faça um autoexame com base em tudo que já discutimos até aqui e verifique o quanto você já conquistou dentro disso.
2. Adote conscientemente atitudes, hábitos e comportamentos que levem você a se tornar cada vez mais obstinado. Invista sempre nas atitudes corretas e corrija as que podem estar erradas ou que desviam você do caminho da obstinação positiva. Aja de modo a construir na sua vida o perfil de fodido obstinado.

Para ajudá-lo a se tornar um obstinado, quero ressaltar alguns comportamentos, atitudes e hábitos que considero vitais para se manter na direção certa e que o levarão a atingir seus objetivos e a ser bem-sucedido. Confira e coloque essas sugestões em prática no seu cotidiano para extrair o melhor de você e se tornar uma pessoa cada vez mais obstinada, na versão positiva dessa palavra, e potencializar todas as suas realizações.

Aceite que você não pode controlar tudo – querer controlar as coisas que você não consegue solucionar naquele momento pode frustrá-lo. É importante aceitar que não é possível ter poder sobre tudo. Foque em fazer o que está ao seu alcance e que você pode resolver com sua dedicação e seu trabalho.

Reavalie seus objetivos periodicamente – é fundamental questionar-se com frequência para repensar e ajustar seus planos se for o caso. A vida é dinâmica e muda o tempo todo, assim como você também muda ao longo do tempo. Por isso, reavalie sempre seus objetivos para ter certeza de que eles ainda fazem sentido em sua vida. Não existe nada mais desgastante e negativo do que trabalhar em algo que já não precisa ser feito.

Reconheça sua força e seu potencial – apenas acreditando em si mesmo é que você terá motivação para seguir adiante com segurança. O autoconhecimento é a chave para você se tornar um obstinado voltado para a construção do seu sucesso.

Seja consciente do seu valor – evite dar importância a críticas destrutivas e vazias. Não se deixe levar por comentários maldosos e que não contribuem para o seu sucesso. Ao longo da sua jornada sempre haverá pessoas frustradas, que têm inveja do seu êxito e, por isso mesmo, não pensam duas vezes em atrapalhar o seu caminho.

Harmonizar e gerenciar nossas emoções é essencial para construirmos elementos que nos levem a encontrar o equilíbrio necessário para nos tornarmos obstinados.

Seja firme, mas não seja um aferrado – a firmeza é uma característica importante em um obstinado, porém não entenda isso da maneira errada. Jamais se prenda a qualquer coisa que seja, não se apegue a algo em que você acredita sem se dar a chance de analisar as situações por outros ângulos. É preciso considerar que nem sempre você estará certo e que olhar as coisas de maneira diferente pode abrir diversas perspectivas interessantes.

Seja firme, mas não seja voluntarioso – não queira agir apenas segundo a sua própria vontade. Não se prenda a caprichos sem refletir sobre alternativas que se apresentam em seu caminho. Leve sempre em conta as opiniões de outras pessoas, não as descarte por puro impulso sem analisá-las com cuidado.

Seja insistente, mas não seja irredutível – seja insistente, incansável, firme, determinado e aplicado, defenda suas ideias e seus sonhos, mas não queira estar certo sempre, pois você não é o dono da razão e nem o detentor da verdade. Quem não se dispõe a aprender durante a jornada jamais será um obstinado e pode jogar energia fora ao insistir em algo que não tem futuro.

Seja obstinado, mas não seja teimoso – ser obstinado é buscar com garra e energia tudo o que você deseja realizar, mesmo quando as pessoas ou as condições estão contra você. Já ser teimoso é insistir em algo que você sabe que está errado, mas não quer abrir mão.

Seja persistente, mas não seja rebelde – a persistência o mantém caminhando na direção certa, mesmo diante das dificuldades. Em compensação, muitas vezes a rebeldia põe a perder todo o seu esforço pelo simples fato de você não querer dar o braço a torcer quando o caminho correto não é aquele que você imaginou.

Seja realista, pare de fantasiar – use a realidade como um referencial para traçar seus objetivos. Buscar metas que estejam além do seu alcance em determinado momento pode fazer com que a frustração o leve a desistir no meio da jornada.

Seja seletivo naquilo em que você coloca sua atenção – procure ouvir mais a opinião de pessoas em quem você confia. Ouça as pessoas certas, as que você sabe que torcem pelo seu sucesso. Desse modo, você vai aproveitar melhor o seu tempo e as contribuições de quem realmente está ao seu lado.

Tenha clareza sobre o que você realmente quer da vida – quando você trabalha para realizar o que faz parte de sua essência, sua obstinação se torna muito poderosa. Procure dentro de si mesmo e entenda com precisão o que o move em direção aos seus objetivos. Podemos chamar isso de propósito de vida, ou mesmo de missão. E é essa chama que vai fazê-lo continuar em frente mesmo diante das maiores dificuldades.

Cada um desses pontos – e outros tantos mais que se mostrarão importantes e fundamentais ao longo do seu caminho para o sucesso – devem ser estudados, desenvolvidos e treinados em seu dia a dia.

Um aspecto crucial nesse processo, que já mencionei e que deve ser levado em alta consideração, é verificar periodicamente como anda a sua obstinação e corrigir seu rumo sempre que preciso. Mudar o caminho preestabelecido faz parte da trajetória e exige adaptações e correções para nos manter caminhando na realização dos nossos sonhos. Devemos nos lembrar que avançar com muita rapidez, velocidade e obstinação na direção errada, pode nos afastar dos nossos sonhos, dos resultados que queremos alcançar.

Até aqui falamos sobre várias facetas que precisam ser apreciadas e desenvolvidas quando estamos construindo o perfil de empreendedor obstinado. A seguir, vamos analisar outras ferramentas disponíveis e que também são fundamentais para aprimorar a nossa estrutura de obstinação rumo à vitória.

Ser um obstinado e ir além

Agora que sabemos que ser um obstinado é a melhor condição para quem deseja ter sucesso grande e duradouro, é importante explicar um pouco mais sobre de que maneira a obstinação pode ser potencializada para que possamos tirar dela os melhores resultados.

Costumo dizer que ser obstinado e proativo é o ponto alto do empreendedorismo. A pessoa obstinada tem uma mentalidade ilimitada de crescimento e de riqueza e não abre mão do seu potencial de desenvolvimento. Já a pessoa proativa tem a qualidade de agir antecipadamente, evitando ou resolvendo possíveis problemas futuros. Ou seja, ser **obstinado e proativo** é a melhor combinação para quem deseja alcançar um sucesso de alto valor, consistente e permanente, que favoreça não somente a si próprio, mas também promova o bem, o progresso, o êxito e a felicidade de todos à sua volta.

Quando falamos em ser obstinado e proativo colocamos o empreendedor dentro do contexto do mundo moderno, que exige que ele domine diversas habilidades ligadas ao relacionamento humano, conforme irei desenvolver nos próximos capítulos.

O obstinado tem qualidades que o ajudam a andar rapidamente, com eficácia e determinação, rumo aos seus propósitos. Isso é muito desejável, mas devemos levar em consideração o risco que ele corre de "atropelar" pessoas, complicar negociações, destruir ou prejudicar relacionamentos. Como consequências, uma dificuldade maior para atingir seus objetivos, e seu sucesso poderá não ser tão completo quando for alcançado.

É muito importante entender que o êxito total só acontece quando deixamos um rastro positivo, possibilitando o sucesso das pessoas que colaboraram conosco. Ele só será pleno e completo quando chegarmos ao ponto mais alto do pódio junto àqueles que lutaram ao nosso lado.

Para que isso aconteça, o empreendedor obstinado precisa se tornar um especialista em lidar com pessoas, desenvolver habilidades em relacionamentos, capacitar-se em competências sociais, ou, como se diz hoje no mundo dos negócios, ser uma autoridade em soft skills.

Em resumo, não estou falando apenas de um empreendedor obstinado pelo sucesso, mas de uma pessoa que chega a ele gerando êxito ao seu redor e, sobretudo, que goste de pessoas, trate-as com respeito e valorize cada uma das relações humanas com as quais precisa lidar no dia a dia.

É sobre essas qualidades necessárias ao empreendedor de sucesso que irei falar nos próximos capítulos.

4

Ser um obstinado com um mindset ágil

Ter um mindset ágil é dominar um conjunto de atitudes que incluem respeito, colaboração, melhoria, aprendizagem e orgulho de fazer parte da equipe, foco nas entregas de valores e grande capacidade de adaptação a mudanças. É esse tipo de mentalidade que cria e sustenta um ambiente de trabalho ágil, formando a base para criar equipes de alta performance que, por sua vez, oferecem um valor incrível aos seus clientes.

Um ambiente de trabalho ágil, portanto, somente existe em organizações que incentivam a colaboração entre as pessoas, tanto internamente – entre as equipes – como externamente – entre os colaboradores internos e externos, seus usuários, fornecedores e/ou clientes. Isto é, dois dos princípios fundamentais dos locais de trabalho ágeis são valorizar cada colaborador por suas habilidades e estimular a interação e os relacionamentos saudáveis entre eles e os envolvidos externamente.

Em uma das obras brasileiras mais abrangentes sobre o tema, o livro *A jornada ágil: um caminho para a inovação*,[5] de Roberto Mosquera, Claudia Pires, Maria Augusta Orofino e Marco Santos,

---

[5] MOSQUERA, R. *et al*. **A jornada ágil**: um caminho para a inovação. São Paulo: DVS, 2022.

encontramos definições preciosas que nos ajudam a ampliar nossa visão sobre esse tema, tais como:

- Mindset significa modelo ou atitude mental, que reflete como as pessoas se comportam e agem diante dos acontecimentos do dia a dia. Na prática, o mindset traduz o tipo de mentalidade que cada pessoa tem e que determina a forma como ela organiza seus pensamentos e encara as situações. Os modelos mentais são construídos ao longo da vida e é a partir deles que uma pessoa direciona suas ações futuras;
- O mindset ágil tem como características principais o respeito pelo outro, a colaboração, a busca por melhorias, a aprendizagem, o orgulho de fazer parte, o foco na entrega de valor agregado e, especialmente, a capacidade de adaptação às mudanças;
- As organizações ágeis têm um grande foco nas pessoas, que precisam estar abertas a mudar, falhar e acertar e trabalhar juntas com o mesmo propósito. Portanto, exigem que o modelo mental de todos na empresa, executivos, líderes e equipes, seja ajustado para um modelo que chamamos de mindset ágil.

Profissionais com mindset ágil incentivam a sinergia dentro da equipe de tal maneira que todos procuram, juntos, melhorar sempre a qualidade dos produtos e serviços que entregam. São eficazes em ajudar os demais colaboradores a atingirem suas metas e em garantir que os clientes recebam um serviço ou um produto de qualidade por meio de entregas de alto valor agregado.

Ser um *empreendedor obstinado com um mindset ágil* é combinar as características de determinação e resiliência do profissional que empreende com as ferramentas necessárias para cultivar relacionamentos e equipes harmônicas e mais eficientes, potencializando, assim, os resultados.

Em busca dos melhores resultados

Uma combinação que tenho visto dar muito certo no mundo dos negócios e dos empreendedores é a *obstinação* junto à *mentalidade ágil*. O modo de pensar ágil viabiliza ao obstinado toda a visão necessária para conceber estratégias para vencer e chegar ao ponto que planejou ou, melhor ainda, ir além dele.

Como já foi dito, o obstinado sempre busca a vitória com todas as suas forças e sem se deixar deter pelos desafios ou se abater pelas eventuais derrotas. Ele fica focado naquilo que busca e, por isso mesmo, sua mente deve estar preparada para processar toda a sua dinâmica impetuosa e para administrar e direcionar sua energia aos propósitos certos.

Desse modo, ser obstinado com um mindset ágil é uma das posturas mais poderosas e produtivas no mundo atual, em que objetividade e rapidez se somam e se complementam na concretização dos objetivos no menor tempo possível.

Por definição, um mindset ágil é o conjunto de atitudes que sustentam posturas e comportamentos desejáveis em um local de trabalho que, por consequência, transforma-se em um ambiente ágil. Essas atitudes incluem colaboração, respeito pelos colegas, orgulho de fazer parte de algo significativo, melhoria de ciclos de aprendizagem, foco em entregas de valor e excelente capacidade de adaptação a mudanças.

O mindset ágil também é fundamental para gerar e administrar equipes de alta performance, levando as lideranças a trabalharem em um nível excelente de qualidade, oferecendo um valor altamente diferenciado a seus clientes.

Os resultados dos empreendedores de maior sucesso que tenho acompanhado no mundo atual mais do que comprovam que para ser bem-sucedido em qualquer empreitada é preciso ter a mentalidade certa. A mente de um obstinado é determinada e focada, mas também precisa ser ágil para dar conta de tudo que esse tipo de empreendedor exige de si mesmo.

Outro aspecto bastante relevante nos chega a partir de estudos da psicóloga Carol S. Dweck, PhD, pesquisadora e professora da Universidade Stanford, e especialista internacional em sucesso e motivação. Criadora do conceito de mindset, em seu livro *Mindset: a nova psicologia do sucesso*,[6] Dweck nos ensina que é a mentalidade de cada pessoa que a leva a ser otimista ou pessimista ao enfrentar os desafios da vida. Ou seja, é o seu modo de pensar e sua visão de si mesmo que determina o seu sucesso ou o seu fracasso.

É preciso ter a mentalidade certa

Segundo Carol Dweck, existem dois tipos de mentalidade: a fixa e a de crescimento. Em seu livro, Dweck descreve cada uma delas com detalhes.

Mentalidade fixa

Com esse tipo de mentalidade, as pessoas acreditam que seus talentos são atributos fixos, que suas qualidades e limitações são características permanentes que não podem ser alteradas.

Elas classificam sua inteligência e sua capacidade como algo que as caracterizam e as identificam, como se fossem partes perenes de sua personalidade, que não podem ser aprimoradas. Dessa maneira, aceitam sua condição como algo com que têm que viver e que não

---

[6] DWECK, C. **Mindset**: a nova psicologia do sucesso. Rio de Janeiro: Objetiva, 2017.

há como mudar. Essas pessoas aceitam isso passivamente e limitam sua inteligência e seus talentos ao invés de trabalharem para desenvolvê-los e melhorá-los.

Um profissional assim, mesmo que tenha fortes chances de se tornar um obstinado produtivo, será prejudicado e limitado por essa mentalidade um tanto pequena, e qualquer esforço que empreender, embora possa ser muito intenso, trará pouquíssimos resultados.

Mentalidade de crescimento

Por outro lado, as pessoas que acreditam que podem desenvolver seu potencial, suas competências e suas habilidades têm uma mentalidade de crescimento que lhes dá a consciência de que seu aprendizado e sua inteligência podem progredir, podem ser desenvolvidos com estudos, com a vivência e com a experiência. Ao se dedicarem à própria evolução, elas usam esse potencial para crescer continuamente, rumo à excelência e ao melhor desempenho – o que as leva a obter excelentes resultados.

Quando as pessoas acreditam que podem se aprimorar, que podem se tornar mais inteligentes, elas compreendem que seu esforço proativo e bem direcionado terá sempre um efeito positivo. Dessa maneira, passam a dedicar mais tempo e mais esforço ao aprendizado, o que as leva a melhores desfechos. Essas são as pessoas de mindset ágil.

E aqui entra outro ponto fundamental para a construção do sucesso: a combinação entre *obstinação* e *mentalidade ágil* ajuda as pessoas a dedicarem mais tempo extra – e de qualidade – ao seu trabalho e ao seu projeto de vida, levando-as a conquistarem grandes realizações.

Os pilares do mindset ágil

Inicialmente, antes de falarmos mais a fundo das vantagens de ser um "empreendedor obstinado e com mindset ágil", vamos pensar sobre alguns pontos conceituais, considerando as bases sobre as quais está assentada uma mentalidade ágil.

Daniel Goleman, psicólogo, jornalista, pesquisador e escritor, um dos principais responsáveis pela importância que o tema inteligência emocional ganhou internacionalmente, considera que o mindset é o modo como enxergamos o mundo à nossa volta. Além disso, Goleman afirma que ele tem como base quatro pilares principais: a biologia, a linguagem, a cultura e a experiência pessoal.

A biologia – As limitações fisiológicas e as nossas características genéticas têm influência na capacidade de interpretação do mundo à nossa volta e, por consequência, influem no modelo mental que construímos ao longo da vida.

A linguagem – A linguagem ajuda no modo como interpretamos e entendemos as coisas e também na forma como transmitimos informações para outras pessoas. Ela é uma das responsáveis pela estruturação de nossa consciência e age na construção do nosso mindset.

A cultura – Nossa cultura é formada de acordo com os grupos sociais em que estamos inseridos, a empresa em que trabalhamos, a cidade onde vivemos, as nossas práticas culturais e religiosas, bem como as nossas atividades do dia a dia e de relacionamentos com o mundo e com as pessoas. Tudo isso tem um papel importante na moldagem da nossa mentalidade, tudo influencia a maneira como pensamos e agimos.

A experiência pessoal – Tudo o que trazemos em nossa bagagem de vida, nossas vivências, nosso histórico familiar e as características sociais ligadas à nossa raça, a condição social em que vivemos e tantos outros fatores do dia a dia, configuram-se como a nossa experiência pessoal, que é acrescida de novos elementos a cada minuto que vivemos. E essa experiência é outro pilar que contribui para a formação do mindset individual, ou seja, que define a maneira como pensamos.

Para o bem ou para o mal, de maneira positiva ou negativa, sofremos influência desses quatro fatores e a partir deles definimos o nosso modelo mental, a forma como refletimos ou, ainda, determinamos se teremos um mindset ágil ou uma mentalidade mais tradicional e limitada, ou até mesmo pequena e limitante.

Porém, é importante frisar que o nosso modelo mental muda e se atualiza constantemente, e sempre podemos trabalhar no sentido de modificá-lo para algo mais apropriado, para uma mentalidade que nos favoreça. Ou seja, podemos construir um mindset ágil.

Observando com atenção cada um dos pilares mencionados, é possível concluir que podemos alterar a forma como vivemos cada um deles para algo que nos convenha. É claro que cada um desses pilares tem suas características próprias e alguns são mais simples de modificar do que outros. Mas todos eles aceitam algum tipo de ação da nossa parte, para que possamos gerar alterações que melhorem nosso modelo mental.

O que significa ter uma mentalidade ágil

A mentalidade ágil é própria das pessoas de ação, muito mais do que um simples assunto a ser discutido com teorias. É uma postura mais prática, positiva e objetiva, orientada para fazer acontecer, provocando mudanças e gerando resultados. Por isso mesmo é tão próxima e combina tão bem com o jeito de ser do empreendedor obstinado.

Indo além de um conjunto de crenças, o mindset ágil é uma ferramenta poderosa de análise, de diagnóstico de procedimentos e de base para a ação. Ele reflete uma forma de pensamento focado nas coisas realmente importantes para que o profissional, as equipes e as empresas continuem crescendo e evoluindo de maneira mais humanizada.

A mentalidade ágil vai ainda mais longe. Ela inclui práticas diferenciadas, nas quais o que importa, de fato, é a inteligência, a sensibilidade e os valores que impulsionam os processos e as ações. O mindset ágil é uma combinação de princípios, crenças e maneiras de pensar visando responder às mudanças em ambientes de incerteza, sendo capaz de se adaptar ao que acontece ao mesmo tempo em que avança na direção do objetivo predeterminado.

A partir dos valores praticados nas metodologias ágeis, adaptando-os ao modo de ser das pessoas, Linda Rising, consultora especializada em mudanças, padrões e funcionamento do cérebro, definiu algumas características de uma pessoa com mentalidade ágil.[7] São elas:

---

[7] Apresentação feita em 2011, na Agile & Scrum Conference, no Arizona – EUA. Disponível em: https://www.agilealliance.org/wp-content/uploads/2018/11/mindset-pdf-linda-rising.pdf. Acesso em: 19 set. 2022.

- Uma pessoa com mentalidade ágil sempre desenvolve suas habilidades;
- Pessoas com mentalidade ágil abraçam os desafios ao invés de evitá-los;
- O objetivo final das pessoas de mentalidade ágil é aprender. Elas possuem uma curiosidade infinita;
- Quem tem mentalidade ágil não vê o fracasso como um fracasso, mas como uma oportunidade de fazer as coisas de novo, com mais informações;
- Diante de um desafio, as pessoas com mentalidade ágil demonstram resiliência, enquanto as que não a possuem se sentem impotentes.

Entre os princípios mais relevantes e determinantes por trás de uma mentalidade ágil podemos listar: a tomada de decisões rápidas, a disposição para aprender e melhorar continuamente, a procura pela inovação e a habilidade de abraçar os fracassos e transformá-los em combustível para novas investidas na busca do sucesso.

Em síntese, ter uma mentalidade ágil significa ter a capacidade de liderar em qualquer circunstância, especialmente em tempos de turbulência e disrupção, já que esse é um processo de pensamento que se propõe a abraçar as mudanças e transpor as dificuldades.

Susanne Anjos Andrade, em seu livro *Líder protagonista: uma nova atitude na agilidade*,[8] ressaltou que um líder com mentalidade ágil é um agente de mudanças e que é esse empresário, profissional e ser humano que vai transformar o mundo dele e o dos outros, mudando as organizações.

---

8 ANDRADE, S. A. **Líder protagonista**: uma nova atitude na agilidade. São Paulo: Gente, 2022.

Tudo isso nos leva a pensar sobre as vantagens do casamento entre "ser obstinado" e "ter um mindset ágil". Ser obstinado envolve ousadia e arrojo. Já a mentalidade ágil envolve entender, colaborar, aprender e permanecer flexível para alcançar ótimos resultados. Logo, é fácil perceber que essa é uma combinação bastante eficaz quando falamos em construir um sucesso sólido e duradouro.

Uma mentalidade ágil precisa e pode ser construída. Com base em um trabalho consistente e na experiência de cada indivíduo, é possível, em curto prazo e de modo eficaz, compor esse mindset. Essa construção envolve a predisposição para tomar decisões rápidas, aprender com os erros e melhorar continuamente, inovar e experimentar coisas novas, assumir riscos calculados, abraçar o fracasso e ser capaz de superar desafios. Um autêntico obstinado tem que ser aberto a tudo isso para usar toda sua energia com sabedoria e direcionamento assertivo.

Os melhores resultados na jornada de sucesso começam a acontecer a partir do momento em que colaboradores e líderes de equipes passam a agir guiados pela mentalidade ágil. Desse comportamento surge uma nova e produtiva forma de enxergar e executar as ações e o trabalho necessários.

Princípios básicos do mindset ágil

Em tempos de grandes desafios, ter uma mentalidade ágil ajuda a superar as adversidades e estar preparado para lidar com o inesperado. Acompanhe a seguir alguns dos princípios, ou características, mais importantes praticados por uma pessoa com essa mentalidade, especialmente nos negócios. É possível perceber que eles são compatíveis e complementares à ideia do que é necessário para ser um empreendedor obstinado quando o objetivo é alavancar resultados de maneira mais humanizada, ágil e segura, mesmo diante de um mundo disruptivo, com tantas mudanças acontecendo em tão pouco tempo.

Tomar decisões rápidas

Um empreendedor com mindset ágil se adapta rapidamente, simplifica processos e elimina a burocracia que pode atrapalhar o andamento dos negócios. Dessa maneira, e compartilhando sua autoridade com outros membros da equipe, eles conseguem fazer julgamentos rápidos e tomar decisões mais acertadas, solucionando problemas de maneira mais ligeira e eficaz, melhorando a produtividade dos envolvidos.

Aprender e melhorar continuamente

Ao adotar uma mentalidade ágil, o empreendedor passa a observar tudo o que ocorre ao seu redor, aprende com as experiências diárias e aplica o que aprendeu para melhorar os resultados e alavancar seus negócios. Uma pessoa com tal mentalidade nunca para de procurar maneiras de se aprimorar e é adepta do que chamamos de lifelong learning, um processo importante que envolve o conceito de adquirir conhecimento e habilidades constantemente ao longo de toda a sua vida.

Inovar sempre buscando alternativas novas e mais eficazes para cada caso

Os empreendedores com mentalidade ágil fazem as coisas acontecerem. Eles abraçam as mudanças e respondem a elas encontrando novas e eficazes alternativas para atender cada caso, cada cliente, de maneira particular. Ao perceberem que a maneira como sempre fizeram as coisas já não funciona mais, eles se adaptam e criam novas formas e oportunidades para seus negócios.

Ressignificar seus fracassos

Os pensadores ágeis ressignificam seus fracassos, vendo-os como oportunidades. Em vez de encará-los como algo pessoal, que atrapalha seu desempenho, eles os veem como aprendizado e uma chance de evolução profissional e pessoal.

Um obstinado com agilidade e foco

O obstinado tem uma determinação tão elevada, ele é tão focado em seus objetivos, que se torna um verdadeiro inconformado e emprega toda sua energia para alcançá-los. Sua vontade é tanta que ele se torna um verdadeiro rolo compressor, passando por cima de qualquer obstáculo.

Os empreendedores de grande sucesso têm em sua índole uma mistura muito especial de obstinação otimista e vontade imparável, sendo capazes de se adaptar a quaisquer mudanças e se manter no foco do que querem realizar. Desse modo, eles canalizam sua energia para um fim específico e caminham atrás dele com rapidez e assertividade.

Isso é fundamental, pois já não é mais possível liderar um negócio com mentalidade fixa e sem se adaptar de maneira ágil aos novos desafios. Hoje, mais do que nunca, vivemos uma realidade repleta de mudanças rápidas e inesperadas, em que todo empreendedor, sem exceção, precisa repensar continuamente a maneira como vê a si mesmo, os seus negócios e o mundo ao seu redor.

Para sobreviver a tempos difíceis e desafiadores, é crucial que o empreendedor se reinvente o tempo todo, aprimorando suas habilidades e adquirindo outras, e cultivando uma mentalidade de crescimento que lhe permita obter os melhores resultados em qualquer circunstância. Ele deve enfrentar as crises e as mudanças inesperadas com resiliência e determinação e superar os constantes obstáculos. Sem dúvida, está cada vez mais claro que somente os obstinados que possuem mentalidade ágil são bem-sucedidos.

Apenas aqueles que descobrem novas oportunidades e crescem em meio às crises e aos desafios são os verdadeiros obstinados mentalmente ágeis, que assumem novos riscos, reinventam-se e inovam sempre, transformando seu caminho para o sucesso em uma jornada de aprendizagens e renovação.

Empreendedores ágeis e obstinados

Todo empreendedor obstinado pode se beneficiar sobremaneira da mentalidade ágil. Essa é uma combinação que junta energia, determinação, agilidade de raciocínio, capacidade de ação rápida e aprendizado constante a partir das experiências vividas no dia a dia.

O primeiro ponto a compreender é que mindset ágil é muito mais do que uma expressão pomposa, que sugere superioridade em relação às pessoas "normais" que se arriscam no mundo dos negócios. Acima de tudo, ter um mindset ágil é ter a capacidade de atuar e liderar pessoas em quaisquer circunstâncias, de maneira humanizada, em especial diante de desafios inesperados. Colocando de modo resumido e bem objetivo, temos:

Ser um obstinado – significa ser ousado, corajoso, arrojado e determinado. Um obstinado sempre tem em mente o pensamento: "Eu posso fazer e nada vai me tirar do meu caminho".

Ter um mindset ágil – é fazer frente às dificuldades, aprendendo e se adaptando com rapidez e assertividade às mudanças. É pensar o tempo todo: "Eu sei o que fazer e como fazer e nada vai me tirar do meu caminho".

Ser obstinado e ter mente ágil – é ter a convicção: "Eu posso fazer, sei o que fazer e como fazer e nada vai me tirar do meu caminho".

Empreendedores que têm mindset ágil costumam assumir pessoalmente a responsabilidade pelos resultados obtidos e procuram se manter no controle, tanto quanto possível, em qualquer situação, especialmente nos momentos de crises ou de dificuldades. É assim que eles se preparam para atuar em um mundo com tantas mudanças rápidas e radicais.

Enquanto construímos um negócio é lógico imaginar que haverá situações inesperadas. Um empreendedor com mente ágil sempre faz um planejamento para lidar com essas circunstâncias, porém ele sabe que nem sempre é possível dimensioná-las adequadamente. Como prevenção, ele costuma ter planos alternativos e certas reservas estratégicas, inclusive financeiras, para minimizar os efeitos das adversidades que saiam muito do seu controle.

Empreender com sucesso exige, entre outras coisas, ser mais flexível e ousado e não se deixar limitar pelos paradigmas vigentes na área em que se pretende atuar. Por essa razão, uma mentalidade tradicional nem sempre é suficiente para se avançar em uma jornada empreendedora. É preciso ter um mindset ágil para enxergar rapidamente novas alternativas quando se esbarra em adversidades. Para empreender, muitas vezes é necessário, antes, adaptar-se às circunstâncias para passar por elas sem perder o foco.

Quando confrontados com adversidades e tempos difíceis, os empreendedores precisam ser resilientes e determinados para continuar

Ser um obstinado com um mindset ágil

no caminho do sucesso. Mas, como costumo dizer, de nada adianta colocar energia, determinação e trabalho se estivermos caminhando em uma direção errada. Quanto mais nos empenhamos nisso, mais nos afastamos do nosso objetivo. Por isso, é fundamental ter um mindset ágil, capaz de ajustar e voltar à rota certa sempre que preciso. Essa é a razão pela qual a fórmula perfeita para o sucesso é a obstinação combinada com uma mentalidade ágil.

Em seu livro,[9] Susanne Anjos Andrade contextualizou a ideia do empresário com mindset ágil, sob os mais diversos aspectos, como sendo um agente da transformação humana. Ela sinalizou que esse empresário:

- É aquele que respeita a diversidade e implementa em sua organização ações nessa perspectiva (ESG);
- É aquele que se arrisca e desobedece (Mauricio Benvenutti);
- É aquele que demonstra vulnerabilidade (Brené Brown);
- É aquele que dirige seus negócios com propósito (Simon Sinek);
- É aquele que desenvolve o mindset de crescimento e a agilidade emocional (Susan David e Carol Dweck).

Susanne ainda complementou: "A primeira atitude é a mental, de mudança de mindset. Mudar para o mindset da eficácia, do fazer a coisa certa. 'É melhor fazer a coisa certa do jeito errado do que fazer a coisa errada do jeito certo'"[10] (Russel Ackoff). E quanto mais você faz a coisa errada, mais errado você se torna.

Quando olhamos isso na perspectiva de carreira, quanto mais certo você faz a coisa errada, mais infeliz você fica. Seria como um

---

9 *Ibidem*.
10 *Ibidem*.

empresário se dedicar a algo que não tem relação com seu propósito. Ele se torna infeliz e sobrecarregado, sempre transportando um fardo. Antes do mindset da agilidade, o principal era o da eficiência, ou seja, fazer tudo do jeito certo. Isso mudou. É hora de priorizar para gerar mais resultados, com leveza e felicidade.

A jornada ágil nas empresas

Quando falamos em mindset ágil, isso nos remete diretamente para um caminho baseado em um modelo rápido de pensamento e ação que empresas, líderes, equipes e profissionais devem empregar para aumentar os resultados de uma empreitada empreendedora. Ele designa um tipo de mentalidade que permite desenvolver profissionais e equipes de alta performance, aptos a entregar maior valor aos clientes, ponto básico para a construção de um sucesso mais pleno e duradouro, qualquer que seja a área de atuação.

A partir desses conceitos fica simples perceber que ao somar as características e habilidades de um profissional de mindset ágil à ousadia e à impetuosidade de um profissional obstinado, temos como resultado alguém imparável, que vai até o fim na busca pelos seus objetivos e que usa as ferramentas, os recursos e os caminhos mais adequados, humanos e inteligentes.

O Manifesto Ágil

Afinal, de onde veio essa ideia de mindset ágil? Esse conceito de mentalidade surgiu a partir do Manifesto Ágil, um documento criado no início dos anos 2000 por uma comunidade de profissionais de TI (Tecnologia da Informação).

Originalmente criado como um documento cujo objetivo era delinear o desenvolvimento eficiente e enxuto de softwares, sua utilidade e seus valores se mostraram tão contundentes que logo se espalharam para o mundo dos negócios. Ele passou a ser adotado como base para o desenvolvimento de negociações em geral, focando em uma abordagem mais humanizada, dinâmica e exponencial, delineando uma tendência mundial.

Os princípios do Manifesto Ágil se tornaram uma conduta muito popular, que ajuda as empresas de todos os setores a se adaptarem às rápidas mudanças, que são uma realidade no mundo de hoje, e a olharem para todo o processo com um olhar mais humano, permitindo que evoluam para um futuro mais promissor e justo.

Ainda no livro *A jornada ágil: um caminho para a inovação*,[11] os autores realçam que "para alcançar o sucesso no mundo atual, é preciso não apenas ter a mente aberta, mas também uma estrutura que incorpore a flexibilidade e a dinâmica do Manifesto Ágil. É preciso alinhar a cultura organizacional a uma disposição para experimentar o novo".

Os 12 princípios do Manifesto Ágil

Em uma rápida análise dos princípios firmados no Manifesto Ágil,[12] é possível perceber as principais razões pelas quais ele se tornou referência para grande parte das organizações, independentemente de seu ramo de atividade.

---

[11] MOSQUERA, R. *et al.*, *op. cit.*
[12] PRINCÍPIOS por trás do Manifesto Ágil. Disponível em: https://agilemanifesto.org/iso/ptbr/principles.html. Acesso em: 26 ago. 2022.

Seja um fodido obstinado

Listei a seguir esses princípios, com alguns grifos que considero mais relevantes. Repare especialmente nas expressões destacadas. Como exercício de visualização da sua própria realidade, substitua "software" pelo produto ou serviço que o seu negócio fornece aos clientes e perceba a perfeita adequação desses preceitos ao seu próprio empreendimento.

1. Nossa maior prioridade é satisfazer o cliente por meio da entrega contínua e adiantada de software com valor agregado.
O cliente é a razão de tudo, inclusive de o nosso negócio existir. Portanto, é fundamental mantê-lo satisfeito. E poucas coisas dão tanta satisfação ao cliente como as entregas periódicas e constantes de produtos ou serviços, de preferência antecipadas ao cronograma previsto. Também é vital que cada entrega tenha valor para o cliente.

2. Mudanças nos requisitos são bem-vindas, mesmo tardiamente, no desenvolvimento. Processos ágeis tiram proveito das mudanças visando à vantagem competitiva para o cliente.
Aceitar e entender as mudanças como um elemento fomentador do desenvolvimento de soluções melhores e mais completas é essencial, ainda mais quando trazem vantagens para o cliente.

3. Entregar frequentemente software funcionando, de poucas semanas a poucos meses, com preferência à menor escala de tempo.
Entregar produtos e serviços úteis e funcionais para os clientes, com regularidade e com a maior frequência possível, permite que ele faça uso do que está sendo desenvolvido e que se sinta parte atuante e importante de todo o processo.

Ser um obstinado com um mindset ágil

4. Pessoas de negócio e desenvolvedores devem trabalhar diariamente em conjunto por todo o projeto.

   Empreendedores e colaboradores, em especial da área comercial, precisam trabalhar juntos com os desenvolvedores dos produtos e serviços. Esse entrosamento permite uma troca mútua e deve acontecer com a maior regularidade possível, para que não se percam informações fundamentais para a entrega do máximo de valor ao cliente.

5. Construa projetos em torno de indivíduos motivados. Dê a eles o ambiente e o suporte necessários e confie neles para fazer o trabalho.

   Em termos de equipe, é preciso contar com a motivação dos colaboradores e, se necessário, promover essa motivação. E uma das mais fortes fontes de motivação é a confiança que depositamos na pessoa. Com uma equipe motivada e confiável, a construção e a entrega de produtos e serviços sempre têm os melhores resultados.

6. O método mais eficiente e eficaz de transmitir informações para e entre uma equipe de desenvolvimento é por meio de uma conversa face a face.

   É impossível criar algo de valor e com menor gasto de energia se não houver uma comunicação pessoal entre os colaboradores e a equipe de desenvolvimento.

7. Software funcionando é a medida primária de progresso.

   A cada novo produto concluído, ou na conclusão de uma etapa, deve-se entregar ao cliente um produto ou serviço que efetivamente funcione para suprir, ao menos em parte, suas necessidades. Esse comportamento assegura a todos que está havendo um progresso no desenvolvimento do produto, do negócio e do que foi contratado.

8. Os processos ágeis promovem desenvolvimento sustentável. Os patrocinadores, desenvolvedores e usuários devem ser capazes de manter um ritmo constante indefinidamente.
Todo processo de elaboração do produto ou serviço precisa ter continuidade, de maneira que se possa contar com certa regularidade na entrega para o cliente que, por sua vez, poderá dar feedbacks constantes para as áreas de desenvolvimento, mantendo tudo em movimento.

9. Contínua atenção à excelência técnica e bom design aumenta a agilidade.
No processo de produção, a mentalidade ágil prima pela excelência funcional e pelo design dos produtos. Esses são dois fatores que são definitivos na entrega de valor e na satisfação do cliente.

10. Simplicidade – a arte de minimizar o número de etapas para realizar um trabalho é essencial.
É preciso simplificar as etapas do desenvolvimento do produto, serviço ou do próprio negócio para diminuir a quantidade de trabalho necessária. Assim, além do trabalho ser concluído em menor período, não se desperdiça tempo e energia em atividades que não contribuem diretamente para se chegar ao objetivo final.

11. As melhores arquiteturas, requisitos e designs emergem de equipes auto-organizáveis.
Profissionais com a capacidade de auto-organização criam processos de excelência no trabalho em conjunto, produzem os melhores resultados e desfrutam de maior autonomia nos processos.

12. Em intervalos regulares, a equipe reflete sobre como se tornar mais eficaz e, então, refina e ajusta seu comportamento de acordo.

A revisão periódica do trabalho realizado permite que a própria equipe descubra outras formas de fazê-lo e agilizar todo o processo. Os ajustes feitos a partir dessas avaliações aumentam a eficácia e garantem melhor entrega de valor para o cliente.

Como é possível perceber, o Manifesto Ágil foca bastante na entrega de valor para o cliente e em tudo que favorece tal objetivo. Um profissional obstinado por construir o sucesso ganha força, direção e foco quando incorpora esses 12 princípios que norteiam o mindset ágil.

Como saber se você tem uma mentalidade ágil

A psicóloga empresarial Dionne Mahaffey, em seu artigo "Why entrepreneurs need an agile mindset"[13] [por que os empreendedores precisam de uma mentalidade ágil], publicado no site da *Forbes*, elenca como componentes cruciais de um mindset ágil a busca e o incentivo à inovação, a responsabilidade para assumir riscos e a capacidade de trabalhar bem com outras pessoas, entre outros. Vamos ver um pouco mais de perto essas características.

➡ Querer inovar e experimentar coisas novas é próprio de pessoas que vão além do que é preestabelecido. O inovador quer fazer

---

13 MAHAFFEY, D. Why entrepreneurs need an agile mindset. **Forbes**, 21 abr. 2017. Disponível em: https://www.forbes.com/sites/forbescoachescouncil/2017/04/21/why-entrepreneurs-need-an-agile-mindset/. Acesso em: 5 set. 2022.

acontecer, olha sempre por novos ângulos, quer ver novas frentes de possibilidades se abrindo e atuar em mudanças necessárias para conseguir melhores resultados. Inovar é uma característica própria do empreendedor de mente aberta e ágil;

- Assumir riscos calculados é necessário para quem deseja progredir. Não é possível atingir grandes resultados sem correr algum tipo de risco. É claro que não convém agir no escuro, sem ter uma visão de para onde se quer ir. É preciso ter um objetivo claro e concentrar o foco nele, lembrando-se de que riscos podem surgir pelo caminho. Arriscar de maneira calculada é o que ajuda você a crescer como empreendedor e como pessoa. Quem tem um mindset ágil aceita correr riscos, mesmo que isso o deixe desconfortável;

- Quem tem mentalidade ágil sabe lidar melhor com o fracasso. As pessoas costumam levar os fracassos para o lado pessoal, o que torna seus resultados devastadores. O empreendedor com mindset ágil entende que, como disse o escritor e palestrante Zig Ziglar, "o fracasso é apenas um evento e não a pessoa".[14] Com mente ágil fica mais simples conviver com as derrotas, aprender com elas e desenvolver uma blindagem que permite superá-las e transformá-las em subsídios para seguir em frente;

- Quem tem mente ágil é capaz de superar os desafios sem recuar facilmente. Essa mentalidade prepara melhor qualquer pessoa para enfrentar as eventualidades e até mesmo contar com o surgimento delas, entendendo que são parte natural da jornada do empreendedor;

- O empreendedor que tem um mindset ágil convive melhor com outras pessoas, afinal, ele sabe que ninguém vai muito longe

---

[14] ZIGLAR, Zig. **See you at the top**: 25th anniversary edition. New Orleans: Pelican Publishing, 2000. p. 73. Tradução nossa.

sozinho. Ter uma equipe que contribua para a realização de seus objetivos é essencial, mas exige que você seja hábil, mais ainda, que você goste de estar e trabalhar com outras pessoas, e que se aprimore constantemente em suas habilidades de relacionamentos.

Se essas características têm a ver com o seu modo de ser, então você já tem uma mentalidade ágil ou, pelo menos, as bases necessárias para desenvolver esse tipo de mindset.

Como construir um mindset ágil

Como já deve ter ficado claro depois de tudo o que falei até aqui, ter um mindset ágil, além de um fator de diferenciação, é uma característica fundamental para que se possa acompanhar a dinâmica veloz das mudanças no mundo atual. Logo, esse tipo de mentalidade é muito desejável para quem busca um sucesso consistente e duradouro.

Felizmente, essa mentalidade pode ser construída levando-se em conta os pontos fundamentais apontados a seguir.

Repensando os paradigmas profissionais

Em essência, construir um mindset ágil e empregá-lo na busca pelo sucesso significa que é preciso mudar o modo tradicional de pensamento, afinal, a mentalidade ágil exige uma alteração radical na maneira como a maioria dos profissionais foi condicionada a trabalhar durante toda sua vida. É preciso quebrar alguns paradigmas que estão enraizados tanto na mente individual quanto na mente coletiva da sociedade.

Entre as diversas diretrizes que caracterizam um mindset ágil está rever a estrutura formal de hierarquia profissional entre as pessoas de uma empresa. Precisamos abandonar a ideia de comando e controle, substituindo-a por princípios e práticas que evidenciam e estimulam a valorização do elemento humano, o trabalho em equipe, a colaboração e o protagonismo conjunto dos líderes e dos colaboradores. Essa é uma das principais referências a serem quebradas.

Em resumo, são mudanças importantes de mentalidade, voltando a nossa atenção para o fato de que precisamos nos renovar, em especial no que diz respeito aos relacionamentos humanos. Nesse sentido, podemos dizer que o mindset ágil é a base de toda a inovação necessária para a construção de um sucesso mais coerente e justo.

Recomendo que você dedique algum tempo ao estudo de novas abordagens que vêm junto ao conceito de mindset ágil. Você pode complementar o que está aprendendo neste livro com obras como *Organizações exponenciais*,[15] de Salim Ismail, Michael S. Malone e Yuri Van Geest, e *Mindset: a nova psicologia do sucesso*,[16] de Carol S. Dweck.

Valorizando o ser humano

Com o empenho na construção de um mindset ágil, um ponto muito positivo é que o modo de pensar das pessoas está se transformando. A abordagem centrada no ser humano faz com que o uso da mentalidade ágil contemple uma cultura de colaboração, direcionando os esforços cada vez mais para que seja possível alcançar resultados consistentes e exponenciais.

Sob esse novo enfoque, as pessoas passam a adotar ações com objetivos comuns, com participação ativa de todos os envolvidos. Dessa maneira, criam-se ambientes de colaboração, que valorizam o

---

[15] GEEST, Y. *et al*. **Organizações exponenciais**: por que elas são 10 vezes melhores, mais rápidas e mais baratas que a sua (e o que fazer a respeito). Rio de Janeiro: Alta Books, 2019.
[16] DWECK, C. *op. cit.*

ser humano, fortalecem o trabalho em equipe e criam uma sinergia que leva a maximizar os resultados.

Focando em resultados

Em um mundo volátil, com novas mudanças e novos desafios a cada dia, não existem mais receitas ou fórmulas prontas que garantam o sucesso. Precisamos, sim, focar nos resultados, mas para chegar neles é necessário traçar um caminho produtivo e evolutivo, no qual vamos nos transformando e aprimorando nossas habilidades, adquirindo novos conhecimentos e ampliando a nossa mentalidade e a nossa capacidade. Assim, a jornada para o sucesso passa, sem dúvida, pela construção de um mindset ágil. O trabalho pode ser intenso e a jornada longa, porém investir em um modo de pensar ágil nos mantém centrados, ativos e na direção correta.

Usando os atributos de um obstinado

Ser obstinado pode ajudar a construir uma mentalidade ágil, e ter um mindset ágil pode ajudar a ser um obstinado da maneira positiva. São duas características que se alimentam e se complementam quando usadas corretamente.

O obstinado pode contribuir na construção de um mindset ágil, pois ele sabe que manter um entendimento próspero é muito mais valioso do que ser rico em bens materiais. Ele considera que é na programação mental assertiva que está a ferramenta capaz de determinar seu progresso e seu sucesso e que sem ela estará fadado à mediocridade. E ele sabe, ainda, da importância de identificar qual tipo de mindset o guia – o do vencedor ou o do perdedor – e por isso busca desenvolver uma mentalidade ágil e bem direcionada.

Como empreendedor, é essencial ter uma mentalidade milionária para despertar o seu poder de gerar sucesso e riqueza financeira. Mas não adianta trabalhar arduamente se você não tiver a programação mental certa para isso. Digo sempre que consegui sair de uma situação de extrema pobreza e conquistar tanta coisa na vida porque tive o planejamento mental correto para atingir meus objetivos.

E eu quero auxiliá-lo a construir essa mentalidade que o ajudará a alcançar seus propósitos e sonhos. É por isso que estou dividindo com você as técnicas que utilizei em minha vida para ter uma mente ágil e vencedora e que o colocarão na direção de conquistas ainda maiores do que as que você idealizou.

Dentro de um conjunto de atividades que chamei de Movimento Obstinados, do qual falo mais nos capítulos finais deste livro, além do material que você encontra aqui, também venho dividindo com muitos empreendedores e empresários uma série de conhecimentos e técnicas, por meio de treinamentos, livros, *masterclasses* e outros recursos de informação, que trouxeram os resultados por mim atingidos. Em especial, cito aqui a *masterclass* Mente Milionária, na qual, junto a grandes empreendedores e mentores, compartilhamos os métodos que utilizamos para ter uma mentalidade vencedora e de sucesso.

Acredito muito que, uma vez que chegou até aqui, você já seja um obstinado. Agora trabalhe forte para desenvolver uma mentalidade ágil e você vai conquistar condições excepcionais para ser muito bem-sucedido.

E sendo um obstinado, você tem plenas condições de acelerar a construção de um mindset ágil, ou de aprimorá-lo, caso já o tenha. Faça a sua parte e construa a mentalidade que irá alavancar seus empreendimentos e potencializar seus resultados. Não tenho dúvidas: ser **um obstinado com mindset ágil** é a combinação que o levará a um novo patamar de vitórias.

Os empreendedores de grande sucesso têm em sua índole uma mistura muito especial de obstinação otimista e vontade imparável, sendo capazes de se adaptar a quaisquer mudanças e se manter no foco do que querem realizar.

5

Ser um obstinado antifrágil

O termo "antifrágil" foi cunhado pelo escritor e analista de riscos líbano-americano Nassim Nicholas Taleb, autor do livro *Antifrágil: coisas que se beneficiam com o caos*,[17] e significa algo como o poder de se fortalecer por meio da volatilidade e da incerteza.

Acontecimentos altamente improváveis e imprevisíveis dominam a nossa existência. Ser antifrágil é saber como se comportar e prosperar em um mundo repleto de imprevistos. O antifrágil não só tira proveito do caos como faz dele uma motivação para sobreviver e progredir.

Um obstinado perseverante e resiliente resiste a choques, mas pode permanecer o mesmo se não tiver a visão correta. Já o obstinado antifrágil avança, realiza, erra, acerta, insiste e se torna cada vez melhor.

É preciso saber se movimentar dentro do caos

Em um mundo moderno, dinâmico e disruptivo como o de hoje, movido pela tecnologia, com pessoas acostumadas a ter quase tudo que precisam ao alcance de simples toques de dedos em um teclado ou em uma tela, situações improváveis

---

[17] TALEB, N. N. **Antifrágil**: coisas que se beneficiam do caos. Rio de Janeiro: Objetiva, 2020.

e imprevisíveis se tornaram muito comuns na vida de todos. Diante dessa instabilidade, um empreendedor precisa ser um tipo muito especial de obstinado quando se trata de ser bem-sucedido, seja na vida pessoal ou na vida profissional.

Para ter êxito, cada vez mais é preciso saber se movimentar dentro do caos. E o empreendedor obstinado faz isso com determinação, resiliência e impetuosidade. Hoje, ele precisa agregar às suas características as habilidades de se orientar, agir e avançar mesmo em situações inusitadas, não previstas nos melhores planos traçados. É nesse contexto moderno e dinâmico que o empreendedor necessita acrescentar às suas capacidades a antifragilidade. Sem ela, conquistar o sucesso se torna mais e mais improvável.

A antifragilidade evidencia o nosso potencial e a nossa força e determinação, em especial nos momentos mais difíceis da nossa jornada. É uma característica que nos ajuda a evoluir a cada dia, fortalecendo-nos, tornando-nos ainda mais determinados e ampliando a nossa coragem e a nossa persistência diante das dificuldades.

Antifragilidade é um termo bastante usado no mundo do desenvolvimento pessoal e empresarial, sendo considerado até uma evolução de outro conceito, o da resiliência. Ser antifrágil é uma qualidade que todos nós temos, em maior ou menor grau, mesmo sem estarmos conscientes disso. O conceito de antifragilidade é apenas uma maneira diferente de reconhecer uma de nossas habilidades mais importantes – a resiliência –, que possuímos em diferentes níveis, dependendo de cada pessoa, mas que pode ser mais bem desenvolvida por nossa própria iniciativa.

Somos antifrágeis por natureza e até mesmo por uma questão de necessidade de nos adequarmos e suportarmos os reveses da vida. Um exemplo bem simples, embora não seja tão óbvio ou normalmente pouco percebido, é a nossa capacidade de adaptação às diferentes mudanças de tempo. Outro exemplo é o ajuste do nosso corpo a uma atividade física nova, como a ioga. Aos poucos, nosso corpo sai da rigidez e da inflexibilidade e vai se adaptando às diferentes posições, realizadas com muita dificuldade no início, mas que vão ficando mais fáceis ao longo do tempo.

Há vários outros casos em que também não nos damos conta da nossa antifragilidade, como a adaptação aos costumes de outro país, ao nos mudarmos para estudar ou trabalhar, ou como empreendedores, quando nos arriscamos em mercados novos, sem experiência prévia, mesmo fora do nosso país, e nos saímos melhor até do que empreendedores locais.

Enfim, uma vez que a antifragilidade já faz parte do nosso modo de ser, precisamos aprender a aprimorá-la e a usá-la cada vez mais a nosso favor para conquistar nossos objetivos e realizar nossos maiores sonhos.

O (empreendedor) antifrágil

A volatilidade é a característica do que sofre constantes mudanças, do que é efêmero, do que não é firme, daquilo que se altera constantemente, que muda depressa ou se desfaz com facilidade.

A incerteza é a condição ou natureza do que é duvidoso ou mesmo aleatório. É a qualidade daquilo que gera dúvida, que é impreciso, que provoca hesitação. Para o antifrágil, a volatilidade e a incerteza são elementos que o fortalecem já que ele os enfrenta e vai além deles.

Segundo Taleb, diante de situações complexas e acontecimentos inesperados, ser antifrágil é a qualidade mais apropriada para se adaptar ao desconhecido, se fortalecer e vencer os desafios criados pelo imprevisível e pela incerteza. Ainda de acordo com esse conceito, a antifragilidade é característica das coisas, ou pessoas, que se beneficiam ou melhoram com a desordem, a irregularidade, a volatilidade, ou seja, a pouca estabilidade, o acaso e o caos.

É bastante usual nos meios em que se fala de antifragilidade fazer um comparativo bastante interessante usando a mitologia entre resiliência e antifragilidade: enquanto o resiliente se assemelha à figura mitológica da Fênix, o símbolo do renascimento, ou seja, tem a capacidade de passar pelos transtornos e sair deles sem ser afetado, o antifrágil se assemelha à Hidra de Lerna, criatura mitológica grega que possuía inúmeras cabeças. Quando uma cabeça era cortada, duas outras voltavam a crescer em seu lugar, simbolizando a rápida renovação e a regeneração diante do caos.

Trazendo esses conceitos para o tema do empreendedorismo, podemos pensar em algumas características que definem o quanto de sucesso uma pessoa pode alcançar dependendo do quanto antifrágil ela seja.

O empreendedor frágil se quebra com facilidade, sofre com a volatilidade e, por essa razão, busca a tranquilidade de situações seguras em que não existem muitos riscos. Seu sucesso será limitado e de relativa prosperidade, e só acontecerá em ambientes mais estáveis.

O empreendedor robusto é mais firme e mais determinado, seja na tranquilidade ou na volatilidade. Ele resiste mais, porém corre o risco de se forçar até um ponto em que se rompa. Seu sucesso acontecerá mesmo em ambientes agressivos, mas ficará limitado ao quanto de resistência ele, de fato, tiver.

O empreendedor resiliente não se deixa derrotar pelos reveses da vida, não se abala com a volatilidade e se adapta à desordem, regenerando-se a cada queda sofrida. Ele sofre os efeitos das tempestades, mas sempre volta ao seu estado original. Seu sucesso será mais amplo e acontecerá inclusive em ambientes hostis, mas pode precisar de muito mais energia para atingir seus objetivos.

O empreendedor antifrágil abraça a desordem, adapta-se a ela e evolui a partir dessa adaptação. Seu sucesso será mais completo e acontecerá também em ambientes adversos, sendo potencializado e otimizado a cada novo desafio superado, a cada nova volatilidade enfrentada.

O empreendedor obstinado e antifrágil possuiu a impetuosidade e a energia para seguir em frente, é resiliente e robusto e não se dobra à volatilidade e às incertezas do mundo. Seu sucesso será exponencial e acontecerá mesmo que tudo à sua volta pareça contribuir para o contrário. É um sucesso mais sólido e duradouro.

Vamos desenvolver um pouco mais esta nossa conversa e explorar mais conceitos sobre a figura do empreendedor obstinado e antifrágil.

Obstinado e antifrágil

O empreendedor obstinado molda-se às situações da vida, mesmo que elas não lhe sejam favoráveis. É isso que define sua capacidade de sobrevivência e o mantém ativo e assertivo, o que dá alguns indícios de que a antifragilidade já é uma presença real em seu modo de ser.

Vamos partir do pressuposto de que você já é um empreendedor obstinado. Logo, podemos concluir que você é do tipo de pessoa que não perde a motivação quando as coisas saem do controle, que lida muito bem com situações adversas e que não se deixa abalar por coisa alguma. Mas você já parou para pensar que é possível prosperar ainda mais diante das maiores contrariedades e que é possível tirar proveito do caos e das coisas que dão errado no mundo moderno?

E aqui ressalto um ponto crucial para quem quer ter sucesso na vida profissional, em especial para quem quer se tornar um milionário: para conseguir os melhores resultados em seus empreendimentos – e mesmo em sua vida como um todo –, o empreendedor obstinado precisa reconhecer a sua antifragilidade e aprender a usá-la para aprimorar sua habilidade de lidar com os contratempos e crescer com eles.

Mas o que significa usar a antifragilidade a seu favor? Significa, basicamente, adotar uma postura em que:

➦ Você prefere os momentos de instabilidade e ruptura ao invés da estabilidade de uma rotina que não estimula seu crescimento;
➦ Você enxerga problemas ou crises como oportunidades para crescer e alavancar seus negócios;
➦ Você é capaz de abrir mão do controle em seus projetos porque sabe reagir ao imprevisível;
➦ Você se arrisca a deixar sua zona de conforto e aposta em situações de instabilidade, mas que podem lhe trazer maiores ganhos;
➦ Você se torna ainda mais motivado diante do caos e da incerteza do que vem pela frente.

Se você se identifica com a maioria dessas situações, a antifragilidade já é uma realidade em sua vida. Só é preciso aprender a usá-la conscientemente. Esse é um dos pontos mais importantes e que podem ajudá-lo a usar melhor o seu potencial, fortalecendo-o em situações de desordem e auxiliando-o a se tornar uma pessoa e um profissional melhor e mais evoluído.

Nassim Taleb afirmou: "A antifragilidade não se resume à resiliência ou à robustez. O resiliente resiste a impactos e permanece o mesmo; o antifrágil fica melhor. Essa propriedade está por trás de tudo o que vem mudando com o tempo". [18]

Para resumir, podemos dizer que a antifragilidade é poderosa, está um passo além da resiliência e da robustez e faz um casamento perfeito com a obstinação.

Um empreendedor tem que ser obstinado para ter um sucesso descomunal – isso você já sabe, pois temos conversado a esse respeito em todos os pontos desta obra. O que reforço agora é que é preciso ir além do ser obstinado, muito mais do que ser resiliente e forte, para cumprir essa jornada. É preciso ser antifrágil, um empreendedor que direciona essa qualidade para a construção do seu sucesso pessoal, profissional e empresarial, pois:

- O obstinado mantém o foco firme em seu objetivo e avança para ele com determinação e energia;
- O robusto não se quebra diante de um elemento externo e por isso mesmo nunca vacila;
- O resiliente resiste aos choques, absorve sua energia, adapta-se ao contexto e não se altera;
- O antifrágil está preparado para enfrentar mudanças repentinas, absorve prontamente os reveses da vida, fortalece-se e se beneficia do caos e se torna melhor depois de cada situação difícil que enfrenta. Em situações extremas de volatilidade e desordem, o antifrágil é quem mais se beneficia, convertendo os desafios em força e ação para moldar o seu futuro.

Um modo de vida antifrágil consiste em encontrar uma forma de ganhar com a inevitável desordem da vida. Muito mais do que apenas

---

[18] TALEB, N. N. *op. cit*.

se recuperar quando as coisas não saem como o planejado, significa tornar-se mais forte, mais inteligente e melhor como resultado dos transtornos enfrentados.

Em síntese, o sucesso no empreender exige, cada vez mais, que sejamos obstinados e antifrágeis, pois não há como evitar o pandemônio do mundo moderno. Devemos passar por ele sem sucumbir e, mais ainda, tirar proveito de tudo o que ele pode nos ensinar. Olhando dessa maneira, o caos pode ser visto como um fator desejável, pois representa uma oportunidade de aprendizado, crescimento, melhoria e evolução.

Desenvolvendo e usando a antifragilidade

Ser antifrágil requer mudanças de atitudes e de comportamentos para se habituar às adversidades e melhorar a partir delas. A seguir relacionei algumas práticas, baseadas nos conselhos oferecidos por Nassim Nicholas Taleb, para você desenvolver a antifragilidade e tornar sua vida e seus negócios mais consistentes e mais bem-sucedidos.

Não fuja do estresse, ele pode ser positivo

Normalmente, as pessoas gastam muita energia tentando evitar o caos e as incertezas do dia a dia, como se fosse possível fugir dos problemas e das dificuldades encontradas pelo caminho. O mais sábio é abandonar o desejo de eliminar os contratempos e encarar de frente o estresse de cada embate da vida.

Quando falamos em estresse, imediatamente nos vem à mente uma situação ruim, prejudicial, que só nos desgasta. Mas é preciso considerar que situações estressantes podem ser boas para nos tirar da zona de conforto e nos permitir experimentar coisas novas. Por isso é importante ver o lado positivo do estresse. De acordo com a psicóloga Kelly McGonigal, da Universidade Stanford, nos Estados Unidos, o que prejudica a saúde dos indivíduos é a crença de que o estresse faz mal. Ou seja, ele só causa mal se a pessoa acredita nisso.

No livro *The Upside of Stress* [o lado positivo do estresse],[19] McGonigal demonstra que é possível utilizar momentos de estresse para benefício próprio e que trabalhos e desafios significativos, ainda que tenham certa carga de estresse, costumam ser mais gratificantes e benéficos do que nos acomodarmos com algo mais tranquilo apenas para evitarmos momentos estressores.

Por mais assustador que seja, abandonar a zona de conforto é imprescindível para se desenvolver a antifragilidade. Para se tornar um antifrágil é preciso se preparar, predispor-se para o aleatório, para o imprevisível, para enfrentar o caos. E, é lógico, não há como fazer isso permanecendo o tempo todo dentro da nossa zona de conforto, lidando apenas com o que nos é familiar.

O que precisamos é buscar um equilíbrio para termos o estresse na medida certa. Sem dúvida, o estresse de longa duração pode causar muitos males e precisa ser evitado, mas episódios curtos de estresse nos desafiam e nos convidam a melhorar a nossa vida, tornando-nos mais fortes e melhor preparados para encarar os desafios da jornada. Esse seria o estresse positivo de que precisamos lançar mão para nos prepararmos para enfrentar os desafios. Taleb afirma que a falta de estresse na vida moderna é uma das maiores causas do envelhecimento, e não o contrário.

---

19 MCGONIGAL, K. **The Upside of Stress**: why stress is good for you, and how to get good at it. New York: Avery, 2015.

A verdade é que tanto nosso corpo quanto nossa mente têm a antifragilidade embutida neles como parte importante da nossa estrutura de vida, mas ela normalmente está dormente e exige estresse para ser ativada. Para se tornar um antifrágil mais intenso e atuante busque intencionalmente estresse positivo em sua vida.

Algumas atitudes simples são excelentes maneiras de injetar estresse positivo em nossas vidas: andar rápido, tomar banhos frios, fazer uma corrida de obstáculos desafiadora, levantar pesos um pouco acima do que você está habituado, correr em vez de andar, dar um passo a mais quando você sente que já chegou ao limite de suas forças, ousar um pouco mais nos negócios mesmo sabendo que existem riscos extras.

Equilibre os riscos

Para desenvolver a antifragilidade, ajuda muito correr riscos propositadamente. Antes de tudo, é preciso apreciar o perigo. É pouco provável que você se coloque diante de uma oportunidade realmente valiosa, ou que aprenda com experiências importantes, se não se dispuser a correr riscos, se não se permitir passar por certos desconfortos. Apreciar riscos e ousar é o ponto de partida para se tornar mais antifrágil.

Avalie e pondere os riscos que está disposto a correr. Isso quer dizer que você não vai se jogar em tudo o que vem pela frente sem fazer uma análise criteriosa e responsável de seus atos. Busque um equilíbrio: arrisque-se de maneira segura em algumas áreas, em alguns momentos, em algumas situações, assumindo riscos em outras frentes – de preferência, corra riscos pequenos, mas em grande quantidade. Isso vai estimulá-lo e ajudá-lo a aprimorar a sua antifragilidade.

Um exemplo básico dessa estratégia é a pessoa manter-se em um emprego seguro e, em suas horas de folga, arriscar-se a empreender. Caso o seu empreendimento decole, ela pode enriquecer e se realizar fazendo algo de que gosta de verdade. Caso contrário, ainda terá o emprego garantido e seguro.

Outro caso seria, usando como exemplo o mercado financeiro, investir 90% de seu capital em ações seguras e os outros 10% em aplicações mais ousadas. Ou aplicar 90% de sua riqueza em títulos do tesouro, que são mais seguros, empregar os 10% restantes em startups. Isso abre a possibilidade de ampliar seu dinheiro caso a startup se torne uma empresa com crescimento exponencial, enquanto conta, concomitantemente, com a tranquilidade e a certeza de que nunca perderá mais de 10% de seu patrimônio líquido.

Diminua as desvantagens

O analista Nassin Taleb diz que muitos problemas podem ser resolvidos removendo coisas a fim de diminuir suas desvantagens. Ao invés de usar seu tempo para acrescentar coisas à sua vida para torná-la melhor, foque primeiro em eliminar hábitos, práticas e tantas outras coisas que o fragilizam. Veja aqui alguns exemplos: livrar-se das dívidas, parar de fumar e de andar com amigos tóxicos, eliminar alimentos não saudáveis, deixar de assistir programas de TV negativos ou que sugam sua energia, parar de frequentar ambientes que não lhe acrescentam coisas positivas, limitar a quantidade de horas por dia jogando games, evitar ler materiais que não lhe tragam ganho significativo.

Para aplicar a antifragilidade em sua vida de modo a evitar, minimizar ou eliminar as coisas que atrapalham o seu sucesso, é importante aprender a enxergar as oportunidades que surgem com um problema, uma situação instável ou um momento de crise. Em vez de direcionar seus pensamentos para o lado negativo, o segredo é avaliar o que pode ser feito para converter a instabilidade em ganhos na direção de atingir seus objetivos.

Em resumo, concentre-se mais em evitar o que não funciona a seu favor do que em tentar descobrir o que poderia funcionar em seu benefício. Esse é um dos primeiros passos para se tornar um antifrágil.

Tenha sempre múltiplas opções

Mantenha diversas opções em vista na sua vida, em especial nas questões ou nos segmentos que são fundamentais, tanto na sua área pessoal quanto profissionalmente falando. Quando a volatilidade e o caos aumentam, o empreendedor com mais opções é o que se torna mais antifrágil.

Por exemplo, na área financeira, ter uma reserva de dinheiro abre mais opções e cria condições para que você tenha fôlego e mobilidade durante as crises econômicas, além de colocá-lo em situação de vantagem para assumir oportunidades positivas que costumam surgir em meio a elas.

Invista em mais de uma área de atuação em que você possa se destacar. Aumentar suas habilidades também cria mais alternativas para você se posicionar profissionalmente. Quando uma área estiver em crise, você poderá atuar em outros setores e, dessa forma, continuar empreendendo com segurança e novas possibilidades. Isso favorece a sua antifragilidade. E lembre-se: não considere seus planos infalíveis – na verdade, isso não existe. Resista ao desejo de suprimir a aleatoriedade, de lutar contra ou negar a volatilidade.

Tenha e mantenha diversas opções abertas para você ter planos B, C ou D para lidar com situações negativas e, ao mesmo tempo, ter fôlego e energia para potencializar seus ganhos e realizações quando os imprevistos se mostrarem positivos e favoráveis. Quanto mais alternativas, melhor, mais antifrágil você se torna.

Duplique o que é vital

Duplique tudo o que é de grande importância em sua vida e em seus negócios. Crie redundâncias, construa situações em que você tenha opções diferentes, seja em termos financeiros, de tempo ou de outros ativos. Disponha de estratégias que permitam a substituição de um elemento vital em seus negócios no caso de ele falhar. Somente assim você terá mais tranquilidade para agir e se movimentar em um mundo dominado pelo caos. É preciso trabalhar com segurança e pecar pelo excesso de zelo e não pela falta dele.

Um bom exemplo para compreender a ideia de manter opções como parte de nossas estratégias vem da área da tecnologia da informação. Atualmente, é quase impossível encontrar empresas que não dependam do bom funcionamento de sua estrutura de informática, até mesmo para a sobrevivência do seu negócio. Por exemplo, uma falha no sistema de armazenamento de dados pode causar danos incalculáveis. Por isso, cada vez mais é comum ver organizações adotando duplicidade de sistemas, de redes e, principalmente, de dados, para, caso aconteça uma falha no sistema primário, um segundo sistema assuma o funcionamento dos negócios.

Outro exemplo seria o de uma empresa que vende, sobretudo, no varejo, e que depende exclusivamente de pontos de venda físicos distribuídos pelo país. Suponhamos que essa empresa dependa de uma única transportadora. Caso ela tenha algum problema, a distribuição da empresa ficaria comprometida. Nesse caso, seria interessante ter mais de uma transportadora prestando o mesmo serviço, mesmo que, a princípio, isso pareça desnecessário. Ou, então, adotar outra forma de distribuição, usando, por exemplo, uma estrutura de vendas on-line, com um sistema de entregas diretamente ao cliente final. Criar mais de um canal de distribuição ajuda a evitar problemas de entrega dos produtos aos consumidores.

Adicione redundâncias em sua vida. Elas são fundamentais para construir um estilo de vida antifrágil, que não apenas protegerá você dos imprevistos, mas lhe dará ferramentas para aproveitar as oportunidades que o acaso traz. É muito importante compreender que os ganhos com as redundâncias crescem e se justificam à medida que a volatilidade no mundo aumenta. Leve em conta a inconstância e as incertezas do dia a dia e construa redundâncias que aumentem a sua antifragilidade.

Cuidado com quem você ouve

Nunca aceite conselhos de alguém que não tem nada a perder. Vivemos em um mundo em que pessoas dão palpites, opiniões e conselhos sobre os mais diversos assuntos, de maneira descompromissada, pois não estão sujeitas às consequências que podem surgir. Como elas não têm nada a perder, não se preocupam com a qualidade do que dizem. Um exemplo disso são os "conselhos" dados nas redes sociais por falsos especialistas ou mesmo por pessoas comuns que adoram palpitar na vida dos outros. É preciso avaliar bem antes de levar em consideração o que se lê na internet.

Consultores financeiros na TV também podem dar conselhos terríveis, especialistas podem emitir opiniões erradas, influenciadores aconselham de maneira infundada e irresponsável, os "sabe-tudo" colocam postagens nas redes sociais em que sugerem soluções para problemas que eles nunca resolveram. Tudo isso de modo muito natural e despreocupado, mesmo que isso prejudique outras pessoas.

Ao avaliar se deve ou não seguir o conselho de alguém, verifique se a pessoa que falou não tem nada a perder caso esteja errada. Se isso acontecer, isto é, se o único prejudicado no caso de erro for você, não dê ouvidos a essa pessoa. É muito fácil e simples aconselhar quando os resultados não afetam a vida de quem está falando, quando a pessoa não sofrerá as consequências daquilo que aconselha.

Preste mais atenção às pessoas que aceitaram o risco e a responsabilidade pelas palavras daquela pessoa. Certifique-se de que ela esteja realmente comprometida com o que diz e corra os mesmos riscos que você ao ouvi-la. Tenha certeza de que ela colocou a alma dela no jogo, de que ela se compromete, de fato, com aquilo que diz. Em síntese, seja seletivo quanto às pessoas com quem se aconselha.

E quanto a você mesmo, se quer ser um antifrágil de sucesso, habitue-se a colocar a sua alma no jogo. Não entre superficialmente em nenhum projeto ou empreendimento. Empreender no mundo real exige muito mais do que uma simples participação, demanda comprometimento, participação ativa nos riscos e desafios. E muito poucos têm coragem para tanto – logo, são poucos os empreendedores que realmente chegam a um sucesso memorável e fazem verdadeiras fortunas.

Comprometer-se envolve riscos muito além do que as pessoas estão dispostas a correr, mas também é uma visão de mundo incrivelmente libertadora, que ajuda a construir a antifragilidade e nos fortalece em todos os aspectos da vida.

Construa e estimule a assertividade

Ser assertivo significa ter uma proposição decisiva, ser autoconfiante, ter facilidade de expressar e defender sua opinião, ter segurança e saber exatamente o que quer. A assertividade está relacionada ao pensamento positivo, à proatividade e à habilidade de assumir as rédeas da própria vida. É uma competência emocional que ajuda o indivíduo a tomar uma posição clara seja qual for o assunto.

Com todas essas qualidades, um indivíduo assertivo tem muito mais condições de desenvolver e praticar a antifragilidade associada à obstinação e, assim, criar condições de conquistar mais vantagens competitivas no mundo dos negócios. Alguns pontos são especialmente importantes no aprimoramento da assertividade e, por consequência, para o melhor desenvolvimento da antifragilidade obstinada. Acompanhe a seguir.

Estimule seu otimismo – o otimismo ajuda a caminhar nas incertezas do mundo, permite-nos surfar com elegância e objetividade mesmo em meio ao caos. E isso é a própria definição do comportamento antifrágil. O pensamento otimista contribui para o fortalecimento da pessoa, em especial frente a situações difíceis.

Cuide da qualidade dos seus pensamentos – é muito comum e compreensível desanimarmos diante de uma oportunidade perdida, de um plano que dá errado ou em consequência de qualquer outro revés da vida. A melhor maneira de encarar esse tipo de situação é pensar positivamente, acreditando que tudo melhorará.
O pensamento positivo faz toda a diferença nos nossos resultados. Como afirmou o escritor norte-americano Zig Ziglar, o pensamento positivo não pode tudo, mas nos ajuda a fazer tudo melhor do que se estivéssemos pensando negativamente.

Permita-se errar sem sentir culpa – é muito importante entender que errar faz parte do jogo. Faça planos, coloque-os em ação e siga em frente. Quando traçar suas estratégias, considere as experiências do passado, mas não espere que o futuro seja uma repetição do que você já viveu. Existem muitas variáveis, totalmente imprevisíveis. Portanto, use a sua experiência para refinar suas ideias, mas leve em conta que pode acontecer falhas e será preciso ajustar seu caminho. Não se culpe por errar. Apenas corrija seu rumo e aprenda com os erros que porventura cometer.

Tenha espírito de aventura – dê-se uma chance de experimentar o desconhecido. Faça, sim, planos e trace estratégias, isso é importante e necessário. Mas deixe espaço para um pouco de aventura, para o prazer de desbravar o inexplorado. Sempre existem riscos, nos melhores planos e nas melhores estratégias. Portanto, esteja disponível para auferir os ganhos que virão da aleatoriedade.

A obstinação é um estado de espírito, a antifragilidade é uma postura e um estilo de vida

O sucesso é para todos, não apenas para os "escolhidos". Sim, é isso mesmo que você leu. É para todos que sonham, transformam seus sonhos num projeto de vida e trabalham de maneira árdua e extenuante para realizá-los. Costumo dizer para as pessoas com quem me relaciono: "você nasceu para dar certo! Por isso, não deixe ninguém te desanimar ou te fazer crer que você não é capaz".

Porém tenha muito claro que você tem que fazer a sua parte nessa jornada, como um autêntico obstinado e, agora que você já compreendeu a antifragilidade, tenho certeza de que você também reconhece a necessidade primordial de se tornar um antifrágil – ou aprimorar esse seu dom –, de investir nessa nova frente para alcançar seus objetivos.

Quando digo que a educação muda vidas, histórias e destinos, não é à toa. Devo muito de quem sou hoje ao conhecimento, ao que aprendi em sala de aula, com os professores e os livros. Desde pequeno, quando saí de Pimenta Bueno, no interior de Rondônia, para estudar em Recife, sabia que a educação seria uma grande paixão e a base da minha vida. Hoje, como eterno aluno, professor, reitor, empreendedor do setor educacional, sinto-me honrado por ter a oportunidade de viver todas essas experiências e poder compartilhá-las com você.

Ainda quando falo que devemos aprender sempre, ou seja, ter um lifelong learning, como se diz hoje, muita gente me pede recomendações de livros que considero especiais na carreira de um profissional de sucesso e que tiveram grande papel não só na minha formação como empreendedor, mas também como ser humano. Sempre indico títulos de grande poder de motivação para as pessoas. Deixo aqui, então, mais duas excelentes sugestões de leitura: *Os segredos da mente milionária*,[20] de T. Harv Eker, e *Desperte o seu gigante interior*,[21] de Tony Robbins. Você vai se beneficiar imensamente com o conteúdo dessas obras.

Os obstinados e os antifrágeis valorizam o conhecimento. Eles sabem que por meio da educação e da sabedoria, aliados à resiliência,

---

[20] EKER, T. H. **Os segredos da mente milionária**: aprenda a enriquecer mudando seus conceitos sobre o dinheiro e adotando os hábitos das pessoas bem-sucedidas. Rio de Janeiro: Sextante, 2006.
[21] ROBBINS, T. **Desperte o seu gigante interior**: como assumir o controle de tudo em sua vida. São Paulo: Harper Collins, 2017.

ao trabalho íntegro e ao empreendedorismo, podem conquistar tudo que sonham, independentemente de onde vieram, das circunstâncias da sua vida e do *statu quo* atual. Eles têm consciência de que não interessa de onde vieram, mas para onde querem ir; que não interessa o que fizeram com eles, mas o que eles farão com o que fizeram com eles. E entendem que a educação é um braço forte com o qual podem contar para construir o sucesso.

Os obstinados e antifrágeis nunca reclamam da vida. Eles não se vitimizam, não fazem o papel de "miseráveis", "coitadinhos" ou "sem sorte". Também não vivem "na caixa", no "piloto automático", no "lugar comum", no "óbvio", na "multidão", na "mesmice" e na "zona de conforto". Eles estão sempre procurando viver o extraordinário.

Como obstinado e antifrágil, tenha atitudes que potencializem os seus resultados, como as que cito a seguir.

Espere o melhor e aja para que o melhor aconteça – Não há dúvidas de que o otimismo e a positividade são grandes influenciadores nos resultados de nossas ações. Mas de nada adianta ter em mente que alcançaremos nossos objetivos se não agirmos com essa mentalidade. Lembre-se de que tudo depende 50% das nossas crenças e 50% das nossas atitudes. Aja conforme suas expectativas e seus desejos.

Não seja mediano – Você prefere receber um prêmio por inteiro ou pela metade? Ora, ninguém gosta de algo em partes, certo? Então, se não queremos receber menos, não devemos nos dedicar "pela metade". Não comece algo se não for terminar, não interrompa o que estiver fazendo e não se distraia. Fuja de tudo aquilo que o afasta do caminho da razão e atue com determinação. Quem faz o mediano nunca terá sucesso por inteiro.

Saiba lidar com as adversidades e falhas – São as adversidades que nos fortalecem, que nos deixam mais experientes e moldados para o sucesso. Momentos de dificuldades nos forçam a desenvolver uma postura diferente e mais corajosa. Apesar de cômoda, a zona de conforto não é frutífera nem fortalece nossas raízes.

Existe um provérbio popular, atribuído à sabedoria oriental, que diz: "Homens fortes criam tempos fáceis e tempos fáceis geram homens fracos, mas homens fracos criam tempos difíceis e tempos difíceis geram homens fortes". Quando estiver enfrentando uma adversidade ou crise, lembre-se disso, anime-se e siga em frente com determinação.

Lembre-se de que um obstinado antifrágil está sempre pronto para encarar os percalços em sua jornada empreendedora ou mesmo em sua vida pessoal. Ele vai para cima das dificuldades e as resolve, e sempre aprende com as adversidades, sentindo-se mais forte e mais preparado para o futuro.

O obstinado antifrágil tem a coragem de enfrentar as dificuldades, os problemas, as falhas e até mesmo as eventuais derrotas, de cabeça erguida e com confiança, e jamais desanima. Ele faz dos percalços o combustível que o alimenta para as próximas investidas na busca pela vitória.

Tenha isto em mente: não deixe que os contratempos sejam obstáculos que o impeçam de realizar os seus sonhos. Encare-os e supere-os com foco, disciplina e obstinação. Como se diz no meio empreendedor: "A vitória está do outro lado das dificuldades".

Construa uma mente milionária – Você já parou para pensar o que se passa na mente de bilionários como Elon Musk, Jeff Bezos e Bill Gates? Pode ter certeza de que eles sabem que o sucesso não se resume a dinheiro. É também uma questão de *mentalidade*, de ter uma programação mental vencedora que nos leva aos nossos objetivos.

É importante entender que quando construir um negócio se torna apenas um jogo de números e não se traduz em uma vida melhor para si mesmo e para o próximo, não existem fortuna e liberdade financeira, apenas uma escravidão bem remunerada.

Por isso, antes de empreender no CNPJ, empreenda no seu próprio CPF e faça do empreendedorismo um estilo de vida, um estado de espírito. É isso que transforma vidas. Construa uma mente milionária e se torne parte de um grupo de empreendedores obstinados e antifrágeis, que semeiam o sucesso, a esperança e a riqueza por onde passam.

Lembre-se que a obstinação é um estado de espírito e a antifragilidade, uma postura e um estilo de vida, sendo o único resultado aceitável ser um vencedor, seja na vida pessoal, na área profissional e também na empresarial.

Decidir viver pela obstinação e se tornar um antifrágil significa não terceirizar nem quarteirizar sua vida, sua história e seu destino. Significa escolher ser o herói, o pop star da própria vida, cultivando, preservando e harmonizando as diversas formas de riqueza, como a saúde, a família, a espiritualidade, o conhecimento, o networking e os relacionamentos, a reputação, os objetivos, e a riqueza financeira. Significa viver em ritmo acelerado, mas tendo como base um propósito – pois viver com propósito é viver de verdade. O resto é apenas existir.

6

Ser um obstinado imparável

Para ser um obstinado com mentalidade ilimitada de crescimento e de riqueza é preciso agir de modo que nada o impeça de chegar aos seus objetivos. É necessário se tornar *unstoppable*, um imparável, alguém que não consegue interromper, conter ou reprimir.

Um obstinado irrefreável é aquela pessoa que redireciona a energia de uma frustração e a transforma em determinação positiva, eficaz e contínua. Ele sabe que a vida só ganha sentido quando ele se motiva, estabelece metas e luta por elas de maneira que ninguém pode detê-lo.

Se você analisar as pessoas de maior sucesso em toda a história, perceberá que elas são obstinadas e também imparáveis. Os empreendedores de grande sucesso têm em sua índole uma mistura muito especial de obstinação otimista, vontade irrefreável e determinação elevada, que os tornam inconformados compulsivos, que não aceitam que um dia seja igual ao outro, deve sempre ser melhor. Observando com atenção, você notará que o melhor de tudo que há no mundo pertence aos obstinados incontíveis.

Além de obstinado é preciso ser imparável

Ser *obstinado* é ter objetivos claros e bem definidos e, acima de tudo, buscar conquistá-los com todas as suas forças, mesmo que tudo à sua volta pareça trabalhar contra os seus planos. Ser *imparável* é não se deixar ser interrompido, é ser alguém que não se pode limitar.

Esse tipo de obstinado sabe que existe uma força inexplorada dentro de si que, quando reconhecida, tem o poder de movê-lo para o impossível e o ilimitado. Essa força é a responsável pela sua capacidade de ser único e extraordinário; é a luz que o destaca em meio à multidão; é a energia que sustenta sua autoconfiança inesgotável e mantém sua visão clara sobre seus propósitos, sobre sua missão, que amplia sua capacidade de pensar grande, de tomar decisões ousadas e lhe dispara a fé no desconhecido e incerto.

O obstinado imparável confia que pode ter sucesso e prosperidade, que está apto a vencer na vida e conquistar a liberdade financeira quando está sintonizado com essa força divina e eterna que o habita, que potencializa sua capacidade de superar quaisquer dificuldades que a vida traga.

Nessa fonte infinita de energia, ele encontra a orientação interior que precisa para identificar as oportunidades certas e utilizar todo o seu potencial para fazer grandes transformações, que além de beneficiá-lo também provocarão forte impacto na vida de outras pessoas e no mundo. Bebendo dessa fonte, ele se pauta em valores humanos verdadeiros para uma vida mais digna, fazendo seu trabalho com empenho, honestidade, ética, transparência e integridade.

Um obstinado imparável nunca se dá por vencido e luta até que todos os seus sonhos sejam alcançados, realizando-os um após o outro. Sua chama inesgotável de coragem e determinação o leva cada vez mais longe em sua busca por maiores conquistas e melhores resultados. Sua conexão com a iluminação divina, unida à sua mentalidade vencedora, programada para construir um sucesso sólido e duradouro, batalhar e enfrentar o mundo sem jamais renunciar, é o que realmente o define.

Quem me conhece sabe que comecei como engraxate de rua aos 8 anos e que desde então nunca parei. Ser engraxate foi o primeiro dos meus muitos empreendimentos e foi uma experiência que me trouxe grandes ensinamentos. A primeira coisa que aprendi foi a buscar dentro de mim essa força, essa centelha divina para enfrentar os obstáculos do caminho sem desistir. Não foi fácil, mas eu persisti.

Ali também comecei a identificar pessoas em quem podia confiar ou não, aprendendo a "ler" a intenção de quem se aproximava. Essa labuta tão precoce também me ensinou o valor do trabalho e do dinheiro, já que um dependia do outro. Quanto mais eu trabalhava, mais dinheiro conseguia ganhar e juntar e mais me aperfeiçoava. Foi nessa época que já me percebi como um obstinado pelo sucesso e comecei a descobrir meus talentos, a estudar e a desenvolver as características necessárias para me tornar imparável.

Consciente de merecer o sucesso, o obstinado imparável segue sua intuição e confia que dentro dele já há tudo o que precisa para fazer bem o que deve ser feito; porém, mesmo assim, ele nunca para de aprender e de aprimorar seus conhecimentos e suas habilidades.

A pessoa obstinada e irrefreável comanda cada passo dado, é protagonista da vida dela e escreve sua própria história. Ela sabe o que quer, tem uma atitude mental positiva, é resiliente e domina a arte de superar-se diante de eventos negativos. Ela sempre dá o seu máximo e ama a jornada muito mais do que a conquista.

Por que tanta gente fracassa?

Nem todo mundo é bem-sucedido e poucos se tornarão milionários, quiçá bilionários. Não é nenhuma novidade que grande parte das pessoas nunca realiza seus sonhos. É bem possível que você também já tenha desistido de muitas coisas com as quais sonhou ou não tenha levado adiante um projeto.

Você já se perguntou por que isso acontece? Normalmente, as pessoas não realizam seus sonhos não porque elas não são inteligentes ou porque não encontram as oportunidades certas, não têm os recursos necessários, não trabalham o suficiente ou não são capazes. Tudo isso influi nos resultados, mas os principais motivos pelos quais fracassam é que elas deixam de acreditar em sua força interior e de confiar em si mesmas e acabam desistindo – muitas vezes quando já estão bem perto do objetivo final.

As pessoas fracassam porque, em algum momento, por uma razão qualquer, elas param de lutar, desistem de continuar se empenhando, pois não estão dispostas a pagar o preço que um obstinado imparável paga para conquistar seu lugar no mundo.

Com relação aos nossos objetivos, precisamos levar em conta, já num primeiro momento, o quanto eles fazem sentido para nós. Muitas vezes queremos algo que não é exatamente a nossa vontade, mas que alguém tem e que passamos a desejar. Porém não nos perguntamos se aquilo será bom para nós também. Então é muito importante fazer uma análise cuidadosa do quanto queremos, de fato, conquistar aquilo, pois podemos nos enganar e, consequentemente, sabotarmo-nos de diversas formas, gerando uma frustração desnecessária, que vai tirar a nossa energia e a nossa autoconfiança.

Outro fator fundamental que devemos considerar é o tempo e o esforço a serem dedicados para alcançar nosso objetivo. Não devemos esperar que os resultados surjam de imediato. Na verdade, no mercado empreendedor são muitas as empresas que fecham antes dos primeiros cinco anos de vida. Startups morrem precocemente – nove entre dez delas está fadada à morte nos primeiros anos de atividades – e entre as MEIs, três em cada dez fecham nos primeiros cinco anos, conforme aponta o Sebrae, na pesquisa "Sobrevivência de empresas". [22]

Precisamos nos aprofundar e identificar o quanto aquilo em que queremos empreender é importante em nossas vidas. E, então, dedicar-nos inteira e profundamente ao nosso objetivo e persistir pelo menos por tempo suficiente para entender sobre a validade do nosso negócio.

Normalmente queremos iniciar o negócio, ver o dinheiro entrar e já começar a usufruir dos prazeres de sermos empresários, donos do próprio nariz. Prazeres? Pense bem, você acha mesmo que ser empresário é um mundo de prazeres? Já pensou que você está trocando um patrão, que dizia o que você tinha que fazer quando você era empregado, por uma quantidade muito maior de patrões? Sim, porque, como empresário, cada cliente será um patrão seu. E o seu sucesso dependerá da sua capacidade de atender esses diversos patrões.

Como empregado você tinha algumas funções definidas; como empreendedor precisará entender do seu negócio, tecnicamente falando, e terá várias outras atribuições, como administração, finanças, gerenciamento de pessoal, entre tantas outras.

Quando a pessoa pensa que ser empresário é só alegria e não encara a realidade ligada ao empreendedorismo, ela cai numa frustração imensa. É, então, que quem não é obstinado desanima e quem não é imparável abre mão de sua persistência.

Para ajudar a ampliar um pouco mais essa reflexão, reflita sobre estas situações:

---

[22] HORTELÃ, T. M. Sebrae em dados: sobrevivência de empresas. **COMUNIDADE SEBRAE**. Disponível em: https://sebraepr.com.br/comunidade/artigo/sebrae-em-dados-sobrevivencia-de-empresas. Acesso em: 19 set. 2022.

- Como você acha que estariam hoje os negócios de um empresário de sucesso se ele tivesse parado de empreender ao enfrentar algum dos inúmeros problemas que fazem parte de uma trajetória empresarial?
- Como será que teria sido a carreira de um especialista de alto nível e bem remunerado se ele tivesse parado sua formação profissional quando surgiu o primeiro problema que ele não sabia resolver?
- Se hoje você está casado com a pessoa dos seus sonhos e tem uma família feliz, imagine o que poderia ter sido da sua vida se você tivesse desistido dela quando recebeu seu primeiro "gelo" na época que vocês ainda estavam se conhecendo.

O que quero que você compreenda é que é preciso calcular o quanto podemos perder por desistir daquilo que sonhamos. Quanta felicidade podemos deixar de viver, quanto sucesso e dinheiro podemos perder, quanto amor podemos deixar de dar e receber simplesmente por não confiarmos em nós mesmos e pararmos no meio do caminho, por desanimarmos e deixarmos algo pela metade? Você já pensou sobre isso?

Veja bem, não há nada de errado em desistir de um projeto que não deu certo, em terminar uma amizade que se tornou tóxica, em parar com uma atividade em que seus esforços não mais se justificavam, ou sair de um emprego de que você não gostava ou em que não era reconhecido, por exemplo. Parar, nesses casos, é uma necessidade saudável – e você ainda pode aprender, com essas experiências, coisas que lhe serão muito úteis em projetos futuros.

Essa é uma avaliação muito importante e cuidadosa a ser feita. Muitas vezes, abandonar algo pode ser exatamente o que faltava para um objetivo maravilhoso entrar na sua vida, para dar espaço para outra coisa acontecer. Nesses casos, desistir não é um fracasso, mas um modo de conduzir sua vida com bons critérios. Não significa que você não seja um imparável. Ser imparável e obstinado também significa ter bom senso de desistir de coisas que não o levam para aonde você quer chegar.

Porém, diversas vezes seguramos algo, esperando que outra coisa aconteça para criarmos coragem de largar a primeira. Muitas pessoas possuem o péssimo hábito de se manter em um relacionamento afetivo que, no fundo, já terminou há anos, suportando uma situação ruim porque não conseguem ficar sozinhas, deixando de viver uma solidão que poderia prepará-las emocionalmente para uma grande, nova e feliz relação. Ficam ali, vivendo um desprazer dentro do próprio lar, fazendo infelizes a si mesmas, à atual parceira e a toda sua família, enquanto espera o novo chegar. E vai arrastando experiências de traição que só a fazem afundar ainda mais.

Isso também acontece no mundo dos negócios, quando a pessoa fica esperando um negócio melhor aparecer para só então deixar de gastar tempo e energia em um empreendimento falido, que não deu certo.

Existe outro exemplo de situação: o profissional já não produz mais como antigamente, pois está desmotivado, e o patrão já desistiu do funcionário. Esse colaborador não pede demissão porque está esperando arrumar um emprego melhor antes e o patrão não o demite porque não quer arcar com o custo. A situação fica reduzida ao "você finge que não vê e eu finjo que trabalho".

Muitas vezes você precisa retirar algo que não lhe serve mais para que o novo tenha espaço, para que enfim você assuma os projetos que o farão feliz. Ser um obstinado imparável tem também muito a ver com isso. É preciso ter o bom-senso de abrir mão do que já não serve mais, para poder ser totalmente obstinado e imparável naquilo que realmente faz sentido na sua vida.

O que não pode acontecer é você desistir de projetos promissores logo no primeiro erro; renunciar aos seus sonhos ao primeiro sinal de fracasso; parar de apostar numa grande ideia ou num futuro maravilhoso apenas porque não alimentou sua chama interior e perdeu o ânimo, ou deixou de acreditar em si mesmo, ou não se sente forte o suficiente para enfrentar os desafios, ou porque se cansou de ter que batalhar e se sacrificar para alcançar o sucesso.

É importante entender que quando você desiste de algo, desiste de tudo o que viria depois. Logo, você não pode abrir mão de seus propósitos mais autênticos. Quando o preço a pagar por renunciar a algo é o sacrifício dos seus sonhos, você tem quer ser um imparável. Em resumo, é preciso avaliar bem uma situação antes de decidir se o melhor é desistir ou persistir em algo que vai levá-lo ao seu objetivo. Ser imparável não é nunca desistir, mas não desistir daquilo que realmente importa para você.

O quanto você se considera imparável

Como você tem preparado sua mente para o sucesso? É fato que existe uma programação mental para ele e para a riqueza financeira, com a qual usamos o nosso cérebro para sermos bem-sucedidos. É importante entender que aquilo em que sua mente acredita define aonde você vai chegar e quais serão seus resultados. Tudo dependerá das suas próprias crenças e do que você permite que esteja em sua mente – em especial, em seu subconsciente.

Quero convidá-lo agora a fazer uma pequena reflexão, que pode ser o início de uma nova forma de você ver a sua vida e tomar suas decisões. Responda para si mesmo as seguintes questões:

- Você costuma ir até o final do que se propõe fazer ou para no meio do caminho, ao menor sinal de dificuldade?
- Você é uma pessoa que termina tudo que começa?
- Você permite que outras pessoas palpitem na sua vida, com comentários e críticas que interferem em sua determinação de fazer o que entende ser importante para você? Você tem o hábito de ceder a essas interferências?
- Qual foi a última vez que você parou algo pela metade?
- Quando foi a última vez que você começou a fazer algo e foi até o fim?
- Analisando a sua vida como um todo, você diria que sua história é recheada de projetos terminados ou você tem mais casos de desistência e não realização de sonhos?

A partir dessa reflexão é importante você tomar consciência do quanto suas crenças podem estar impedindo-o de ser irrefreável. Talvez você até tenha certeza de que é um obstinado, mas será que é também um imparável? Fique atento a isso, porque é exatamente nesse ponto que podem estar todas as explicações para o sucesso que você ainda não conquistou.

Agora, convido-o a fazer outra reflexão: procure lembrar-se de alguma vez em que você se identificou como imparável e foi até o final de um projeto, obtendo um grande êxito, que o encheu de orgulho e felicidade. Pode ter sido algo pequeno, pois naquele momento da sua vida não era possível ser nada grandioso, mas, certamente, você vai identificar que nessa experiência você foi imparável.

Identificou isso? Então que fique claro que você já sabe o caminho. É só buscar de volta aquela experiência, o que você fez, as sensações que teve, o prazer em executar e concluir tudo. Busque toda essa percepção e você saberá aplicá-la novamente em seu novo projeto.

Paradigmas negativos e crenças limitantes

Quantas vezes você já achou que não era mais capaz de suportar e quis desistir de algo? Será que desistir teria sido a solução para a sua vida?

Não é de hoje que venho trilhando minha jornada com muita superação. Embora eu repita diariamente que estou apenas começando minha vida de empreendedor, tudo que já vivi ao longo dos anos me faz ter a certeza de que somos nossos maiores incentivadores, mas, também, nossos maiores sabotadores.

Como você reage às dificuldades que a vida lhe impõe? O caminho para quem quer alcançar um sonho nunca é fácil, mas não há força motivadora maior do que aquela que você coloca em sua mente. As suas atitudes e os seus pensamentos são os maiores responsáveis pelos seus resultados. Se você permitir que crenças negativas assumam o controle, facilmente se sentirá fraco e propenso a desistir.

O pensamento negativo pode nos dar uma perspectiva errada da nossa vida. Por exemplo, as pessoas têm certa aversão ao termo imparável porque imaginam que isso quer dizer que a vida é só trabalho, que não podem parar para descansar, que não existe espaço para o lazer, que devem se dedicar apenas aos seus negócios para aumentarem suas chances de sucesso.

É muito comum associar esse termo a um profissional excepcional, com qualidades especiais, mas que nunca descansa, que está sempre trabalhando e não desfruta da vida. E existe quem pense que ser obstinado e imparável é não desistir das coisas porque a pessoa tem uma espécie de teimosia que a faz insistir em uma jornada mesmo que o caminho esteja errado. Bem, crenças limitantes e falsos paradigmas como esses estão entre as causas que contribuem para que alguém não se torne um obstinado imparável e acabe abandonando seus sonhos e objetivos.

Outro exemplo: a frase tão conhecida que diz que "dinheiro não traz felicidade" contribui para gerar uma crença limitante, que faz com que a pessoa se mantenha longe da fortuna e do sucesso, afinal, não é possível se tornar um obstinado imparável quando se acredita que ficar milionário é um objetivo irrealizável.

Há muitas outras crenças limitantes preestabelecidas que impedem as pessoas de levarem adiante a busca pelos seus sonhos. Analise o conteúdo destas frases e perceba como são prejudiciais: "o pior sempre sobra para mim"; "dinheiro não traz felicidade"; "não levo jeito para essas coisas"; "o que é bom dura pouco"; "sou velho demais para começar algo novo". O que posso dizer é que existe um grande engano nessas formas de pensar, que podem tirar nossa força e nossa determinação de avançar em nossa caminhada.

O que você pensa sobre você mesmo é poderoso. O industrial Henry Ford estava certo quando disse: "Se você pensa que pode ou se pensa que não pode, de qualquer forma você está certo". Tudo depende daquilo que você pensa e crê. Se uma pessoa tem atitudes e pensamentos positivos, suas ações gerarão oportunidades positivas, mas se forem negativos, os resultados trarão consequências desfavoráveis e frustrações.

A verdade é que crenças negativas estão registradas nas nossas mentes consciente e inconscientemente, sendo capazes de atravancar nossas vidas ou impedir de conseguirmos algo que queremos. É preciso, então, avaliar o quanto nossos pensamentos e nossas atitudes estão nos prejudicando.

Existe, ainda, outra crença limitante, muito comum, que precisamos considerar, que diz que o obstinado imparável tem que estar o tempo todo atrás de trabalho e fortuna. Isso cria um sentimento de culpa quando a pessoa não está trabalhando, como se para ter sucesso ela não tivesse direito a estar com a família ou ter momentos de lazer.

Conheço uma pessoa que possui uma das maiores fortunas do Brasil, com seus múltiplos negócios em plena ascensão e que pode ser classificada como obstinada imparável. No entanto, ela não se dá o direito de tirar alguns dias para viajar e relaxar, e de renovar as energias na companhia de pessoas que lhe são importantes. Então eu pergunto: que sentido há nisso? Será que um sucesso empresarial construído dessa maneira pode mesmo ser chamado de sucesso?

É preciso cuidado com a maneira como você usa a obstinação e o fato de ser incessável. É importante buscar harmonia em todas as áreas da sua vida para que seus resultados e suas conquistas sejam realmente gratificantes.

Um bom exemplo é o técnico de futebol português Abel Ferreira. Na época atuando no Palmeiras, ele e sua equipe técnica eram considerados sinônimos de "trabalho e competência". Muitos títulos em tão pouco tempo mostravam que eles eram realmente obstinados e imparáveis, mas ele mesmo admitiu: "Sou pior pai, filho, marido, irmão. É verdade que sou melhor treinador, mas perco isso tudo".[23]

Sua obstinação em ter sua família por perto o fez questionar a sua presença magnífica e vitoriosa no clube paulista a ponto da sua renovação de contrato só ser acertada depois que ele chegou a um acordo para que se mudassem para o Brasil. Com a família por perto, ele encontrou sua verdadeira felicidade.

Como é possível perceber, é importante ser obstinado e imparável nos vários aspectos da nossa vida para que possamos ser realmente felizes e realizados.

---

[23] PERAZOLLI, L. M. Abel chora após título do Palmeiras: "Sou melhor técnico, mas pior pai". **Terra**. 30 jan. 2021. Disponível em: https://www.terra.com.br/esportes/palmeiras/abel-chora-apos-titulo-do-palmeiras-sou-melhor-tecnico-mas-pior-pai,b-7773d07388338fb83d707da47e0eb9apldu2af3.html. Acesso em: 19 set. 2022.

Ser imparável começa com uma decisão

Como já vimos, em geral as pessoas que fracassam não colocam energia e foco suficientes naquilo em que empreendem, não fazem tudo o que deveriam e, principalmente, não levam até o fim o que começam.

Já uma pessoa obstinada e imparável dá o melhor e o máximo de si em tudo o que faz pelo tempo que for necessário. Ela jamais para de lutar pelo que deseja, nem por vontade própria e muito menos por influência alheia. Não se deixa parar nem por suas próprias dúvidas nem por ideias derrotistas que outros tentam inserir em sua mente.

O mais importante a compreender aqui é que ser imparável é uma decisão sua. É algo que já existe dentro de você, é a sua realidade, você já tem esse potencial realizador, já possui essa centelha divina que faz com que seja capaz de realizar tudo o que decidir. Você só precisa assumir isso e usar seus poderes de determinação e persistência.

Desafios, oportunidades e tomadas de decisão são fatos constantes do nosso dia a dia. Não há como fugir disso. O poder de decisão é essencial para escolher por quais caminhos seguir para alcançar nossas metas. Tudo é uma questão de estabelecer prioridades e decidir que vai até o fim como um autêntico obstinado imparável.

Quando você decide pelas atitudes corretas está dando o primeiro passo para algo novo. Se quer ter uma vida bem-sucedida, precisa acreditar que alcançará isso e, a partir de então, se você não parar de fazer as coisas certas em direção aos seus sonhos, cedo ou tarde seus resultados chegarão e serão até melhores dos que os que você imaginou.

Construindo uma mente obstinada e imparável

A primeira coisa que você precisa entender é por qual tipo de mindset está sendo guiado: o vencedor ou o perdedor. Ao fazer isso, você começará a programar a sua mente para atrair para si aquilo que deseja, pondo de lado qualquer cenário negativo que possa estar enfrentando hoje.

Para desenvolver um mindset vencedor, você precisa trabalhar para formar ou fortalecer rotinas e hábitos que o ajudem a consolidar um posicionamento de sucesso diante da vida. Com as técnicas certas é possível fazer uma mudança completa nesse sentido. Treinar a sua mente para enxergar as coisas de maneira diferenciada, positiva e motivadora é um excelente começo para esse processo, que o direcionará no caminho do sucesso.

Uma mentalidade próspera é mais valiosa do que bens materiais. Ter a mente voltada ao próprio desenvolvimento é a essência do êxito, pois quem tem certeza absoluta de que vai realizar algo construtivo, de fato, o faz. E é dessa forma que suas conquistas se tornam possíveis e você alcança riquezas ainda mais valiosas. E acredite: todos nós temos potencial para desenvolver uma mente direcionada para o sucesso.

A seguir vamos conversar um pouco sobre alguns desses pontos que você precisa desenvolver ou aprimorar para ter um mindset guiado pelo seu lado vencedor e aplicar no seu dia a dia para assumir plenamente a sua condição de obstinado imparável.

Seja senhor da situação

Uma verdade da qual não se pode fugir é a de que nós somos os maiores responsáveis pelo nosso sucesso ou fracasso. O poder para ser bem-sucedido está em suas mãos, em suas atitudes, em seus pensamentos e na forma como se dispõe a encarar os desafios da vida.

Um verdadeiro obstinado deve ter a coragem de fazer tudo o que for necessário para controlar e/ou superar seus medos e enfrentar todos os desafios, obstáculos e adversidades que surgem diariamente. É preciso, sobretudo, ser senhor da situação, seja ela qual for, não importando as dificuldades a serem enfrentadas. É vital ser alguém que trabalha inspirado e encorajado por um motivo muito forte, do qual não abre mão.

Mas também é importante entender que ser dono da situação é diferente de querer controlar tudo ao seu redor. É ter o entendimento e a postura de que é necessário realizar tudo o que está ao seu alcance para atingir os seus objetivos, sem jamais tentar fazer o que está fora do seu controle, seja por qual motivo for.

Ser dono da situação significa fazer o que lhe cabe, direcionar tudo o que pode e aceitar sabiamente as coisas que estão fora do seu alcance. É ser senhor de tudo o que estiver dentro de seu poder de ação e ser consciente das suas limitações para não gastar tempo e energia com coisas que estão além daquilo que você pode resolver.

Uma pessoa controladora deseja comandar tudo que está ao seu redor, espera que as pessoas que o cercam ajam de acordo com a vontade dela e deseja que a vida lhe apresente apenas o que ela quer. Já o dono da situação sabe que não pode controlar tudo e lida da melhor forma possível com o que está diante dele. Não importa o desafio ou o que precisa fazer, tem o discernimento de saber diferenciar o que pode ou não fazer e seguir sempre pelo melhor caminho.

Querer controlar tudo é cair na armadilha do próprio ego, que normalmente costuma sabotar os planos de sucesso. O egoísmo gera a vaidade e nos torna cegos, pois passamos a ver somente a nós mesmos como a única coisa importante no mundo. Reivindicar o controle de tudo nos leva a bater de frente com a realidade que, muitas vezes, não condiz com as expectativas e nem se dobra às nossas vontades. A busca pelo controle quase sempre acaba em frustrações e decepções.

Ao longo da minha carreira de empresário, diversas vezes enfrentei situações que estavam fora do meu controle. Em vez de ficar insistindo em resolver o que não me cabia, procurei voltar minha atenção para outras coisas que eu tinha certeza de que podia decidir. E, assim, segui superando os obstáculos e construindo o meu sucesso.

Em síntese, como um obstinado imparável, aconselho você a compreender, aceitar e praticar os ensinamentos contidos na tão famosa oração da serenidade do teólogo estadunidense Reinhold Niebuhr, que diz: "Senhor, concede-me a serenidade para aceitar as coisas que não posso mudar, a coragem para mudar as coisas que posso e a sabedoria para saber distinguir umas das outras".[24] Isto é o que eu chamo de agir como um verdadeiro dono da situação.

Priorize aquilo que você deseja realizar e não desista dos seus sonhos

Você tem um propósito de vida? A que você se dedica, qual o seu objetivo primordial? É baseado nessa finalidade que você vai fazer suas escolhas e seguir seu caminho. Por isso é tão importante ter um objetivo bem definido. Ele é a sua bússola, que aponta por onde você deve ir. Mas lembre-se: podemos ter vários propósitos ao longo da vida. É natural que eles mudem, acabem, transformem-se e deem lugar a novos intentos.

---

[24] SERENITY Prayer. **Prayer Foundation**, 2010. Disponível em: https://www.prayerfoundation.org/dailyoffice/serenity_prayer_full_version.htm. Acesso em: 5 set. 2022.

Ser um obstinado imparável

Para ser um obstinado imparável é fundamental definir um propósito e fazer escolhas legítimas e significativas, e colocá-las como prioridades em sua vida. Como disse o filósofo alemão Friedrich Nietzsche: "Tendo seu *por quê?* da vida, o indivíduo tolera quase todo *como?*".[25] Ou seja, tendo uma boa razão para seguir em frente nada te faz parar. Porém, o seu motivo tem que ser forte o suficiente para mantê-lo em movimento, não importam as dificuldades. Todos nós temos a capacidade de realizar nossos sonhos desde que os prioriremos adequadamente. Se sabemos que algo é importante na nossa vida, então somos capazes de concretizar.

Quem é obstinado e imparável pensa: *eu quero, eu crio, eu faço acontecer, eu sou responsável por realizar, sempre termino tudo o que começo*. Se você quer ser um obstinado imparável, a primeira coisa a fazer é ter um motivo que o faça se mexer; e depois assumir a responsabilidade de ir até o fim.

Obstinados imparáveis jamais dão desculpas para não irem atrás de seus sonhos. Independentemente de sua idade, eles nunca se consideram novos ou velhos demais para empreender e se realizar na vida. Claro, se um dia seu sonho foi ser jogador de futebol profissional e a vida, por um fator ou outro, levou-o para outro caminho, ser jogador talvez já não seja mais possível, mas você ainda pode trabalhar com o que ama e ser técnico de futebol, auxiliar técnico, preparador de goleiros, psicólogo dos esportes etc., mantendo-se no ambiente em que um dia você sonhou estar e vivendo as mesmas emoções.

São inúmeros os exemplos de pessoas que começaram empreendimentos de sucesso mais tarde e foram bem-sucedidas. Dados do Sebrae mostram que depois dos 60 anos pode ser a melhor idade

---

[25] NIETZSCHE, F. **Crepúsculo dos ídolos**. São Paulo: Companhia de Bolso, 2017. E-book.

para comandar um novo negócio. É um momento da vida em que a experiência e a maturidade contam muito para o empreendedorismo.

José Martinho Reis, com mais de 60 anos hoje e dono da Reis Office, vendia máquinas de escrever, telex, fax e afins. Nos anos 2000, com a chegada da internet, sua loja perdeu força e ele não teve dúvidas: diversificou seu portfólio de produtos, incluindo impressoras multifuncionais, câmeras digitais e scanners, e decidiu apostar também no e-commerce. E deu a volta por cima. "Mesmo tendo dificuldades para começar no mundo digital, fomos em frente e hoje colhemos os frutos. Os empreendedores não podem desistir de seus sonhos e devem buscar conhecimento e atualização em sua área de atuação"[26], aconselhou Reis.

Crie sua própria realidade

Cuidado com o que você pensa e nas coisas em que acredita, pois é isso que cria a sua realidade. Você é o único responsável pelos seus resultados. Quando você se responsabiliza por alcançar o que quer, torna-se protagonista do seu destino. É claro que algumas pessoas podem perguntar: como ser protagonista do meu sucesso quando tudo à minha volta parece remar contra, quando os problemas são tantos que fica até difícil pensar de maneira positiva? Como tomar a frente do nosso destino quando esbarramos na escassez de recursos e oportunidades?

Não há nada de errado em questionar. A vida é cheia de desafios e vencê-los faz parte dela. Mas é você quem decide se vai se apegar

---

[26] 3 HISTÓRIAS que mostram que nunca é tarde para empreender (e aprender). **Meu Negócio**. 27 jun. 2020. Disponível em: https://meunegocio.uol.com.br/blog/3-historias-que-mostram-que-nunca-e-tarde-para-empreender-e-aprender/. Acesso em: 19 set. 2022.

às dificuldades ou abraçar as oportunidades. É apenas uma questão de escolha. É a sua decisão que vai definir para onde sua vida vai e que resultados você alcançará. Procure fazer as escolhas certas a cada passo que você avança.

Acredite: você tem a possibilidade de começar algo totalmente novo, de mudar seus rumos, de estabelecer uma nova realidade, de planejar e de obter novos resultados o tempo todo. Para tanto, assumir o papel de protagonista da sua história não só é possível como é sua obrigação.

Assuma as rédeas do seu destino e se responsabilize pela sua vida. É você quem define como a sua história vai ser. E seja muito responsável quanto a isso porque quando você assume esse papel, é você quem conduz a sua vitória. Por outro lado, quando você se omite, deixa o seu futuro nas mãos dos outros. Ou seja, a decisão é sempre sua, seja por ação, seja por omissão.

Responsabilizar-se por sua vida significa que não é o que fizeram com você no passado, ou mesmo no presente, que deve definir o que você vai se tornar, mas o que você vai fazer com aquilo que fizeram com você. Isso é ser protagonista da sua vida, isso é criar a sua realidade e se tornar um obstinado imparável.

Essas ideias podem parecer muito simples e até otimistas demais, mas a vida está repleta de exemplos de pessoas que saíram das maiores dificuldades e, com seu próprio esforço, caráter e determinação, venceram naquilo que se propuseram, mostrando serem verdadeiros obstinados imparáveis.

Conheço a história inspiradora de um homem que morava no interior de São Paulo e aos 8 anos perdeu seu pai para uma doença terrível. Aos 10 anos, já trabalhando em um pasto, tirando leite de vaca para ajudar em casa, um dia recebeu a visita de seu patrão enquanto trabalhava. O senhor disse ao pequeno menino que ele precisava voltar para casa, pois a mãe precisava dele. Reticente de deixar o trabalho pelo meio, atendeu a ordem do senhor e voltou para casa, e encontrou a mãe já falecida, com os vizinhos tomando as providências para o velório.

Daí para frente sua vida tomou um outro rumo. Foi viver com um meio-irmão mais velho, precisou sair da escola e se desligar de tudo o que vivia até então. Depois de muito sofrimento, ao completar 16 anos saiu da casa do irmão e se pôs na estrada, sozinho, a caminho da capital. E assim começou lentamente a fazer sua própria vida – dura, mas honesta e de rapaz trabalhador. Casou-se e teve quatro filhos, sustentando todos com seu árduo trabalho.

Seu grande objetivo era que seus filhos completassem os estudos. Para isso, ele deu a eles o suporte necessário, ainda que com grandes restrições. Assim, ensinou a todos o valor do trabalho, do caráter, da moral, da educação e da honestidade. Todos os seus filhos concluíram seus estudos em nível superior, realizando seu grande sonho de vida. Sem dúvida alguma, ele criou sua própria realidade, mesmo com tantas dificuldades, como um autêntico obstinado imparável.

O importante aqui é compreender que não importa o propósito, como um obstinado imparável você conquistará suas vitórias e seguirá adiante, inspirando outras pessoas a fazerem o mesmo.

Alimente o lobo certo

Todos nós nascemos para vencer e com a semente do obstinado imparável. Seguir em frente até a vitória, construir o sucesso, ser um vencedor por excelência, são aspirações que fazem parte do nosso DNA como seres humanos. Eu acredito muito nisso.

Uma das grandes verdades que descobri durante tantos anos lidando com pessoas e construindo o sucesso é que todos têm um forte desejo interior de ser bem-sucedidos e, mais ainda, a certeza inata de que somos capazes de conquistar todos os nossos sonhos. Existe algo grandioso dentro de nós que nos faz acreditar que nascemos para realizar tudo o que queremos. Penso que essa é a essência do ser humano e que a esperança pelo melhor sempre vai guiar nossas ações.

Porém, muitas vezes silenciamos essa nossa voz interior pelo medo e pelas crenças limitantes que aceitamos como verdades. Com frequência, deixamo-nos levar por essas crenças, que se instalam na nossa mente e geram dúvidas que nos fazem parar no meio do caminho. Isso nos leva, muitas vezes, a esquecer a nossa natureza resiliente, batalhadora, obstinada e imparável, e a desistir dos nossos planos e sonhos, como se eles fossem impossíveis de realizar.

Enquanto construía meus empreendimentos iniciais tive a oportunidade de me relacionar com variados tipos de pessoas. Percebi que muita gente começa um projeto bastante entusiasmada, mas desanima ao menor sinal de problemas. Também são muitas as pessoas que desistem de seus objetivos quando surge um obstáculo mais difícil ou jogam a toalha logo na primeira vez em que caem e ficam no chão, sem coragem para voltar à luta. Outras, ainda, entregam-se ao desânimo quando experimentam uma decepção e desacreditam das pessoas quando sofrem uma traição.

Também já me deparei com pessoas que se prendem ao passado e ficam paralisadas no caminho para o sucesso porque temem repetir um fracasso, ou fazem da incerteza do futuro um motivo para não avançarem. E tem, também, quem foca somente nos erros cometidos e usa isso como justificativa para não tentar de novo, para não arriscar mais, para não seguir fazendo o que é preciso para redefinir sua vida.

Sem dúvida, é muito difícil alcançar qualquer objetivo quando se traz na bagagem emocional tantos condicionamentos negativos. Os maus hábitos e as crenças erradas podem nos arruinar completamente, são capazes de destruir qualquer nível de entusiasmo e nos prender a uma vida de mediocridades.

A verdade é que pessoas que resistem às mudanças porque, por imposição de crenças erradas, não se enxergam capazes de crescer e de se tornarem melhores a cada dia, convencem a si próprias dessas crenças e as usam para interromper o trabalho em busca de suas metas.

Por que isso acontece? Porque as pessoas costumam dar ouvidos mais à negatividade do que à esperança e à crença de que um futuro abundante e rico as espera. Elas ouvem a voz das lamentações e do pessimismo quando deveriam olhar para frente e escutar a música da realização e da felicidade. Pessoas param no meio do caminho porque alimentam a negatividade em vez de darem força à positividade.

A negatividade berra, a positividade sussurra. Mas a primeira explode e se esgota, enquanto a segunda permanece, serena e acolhedora. O mais importante é entender que a voz do sucesso pode até estar em silêncio, mas sempre estará dentro de nós, pronta para se expressar. Somos vencedores por natureza, precisamos apenas aprender a manifestar o sucesso em nossas vidas.

Conta uma antiga história que um velho índio sempre vencia as apostas em rinhas de lobos promovidas em sua aldeia. Um dia, um jovem lhe perguntou como ele sabia qual lobo venceria. Ele respondeu: vence aquele que eu alimento no dia anterior.

A pergunta que deixo aqui é: qual é o lobo que você alimenta em sua batalha diária? Você alimenta o pessimismo ou alimenta a esperança e a crença de que tudo vai dar certo e que seu êxito é inevitável?

Alimente o lobo certo, fortaleça pensamentos e atitudes que o levarão ao sucesso que você merece ter. Veja as possibilidades positivas e transforme sua energia em determinação construtiva. A vida ganha sentido quando você se motiva e trilha seu caminho de maneira assertiva e focada.

Anime-se e se sinta poderoso. Confiança é a chave da vitória. Uma vez que você confia em si mesmo, torna-se um obstinado imparável e tudo passa a trabalhar a seu favor.

Ame a sua jornada

Não pense que apenas pela "sorte" você vai chegar a um lugar de destaque, ou fazer fortuna, ou se tornar um expoente em seu ramo de atividades. As pessoas me questionam sobre tudo o que consegui construir na vida e afirmo com toda certeza: minha "sorte" foi, na verdade, muito trabalho, dedicação, foco e obstinação. Esse é o caminho para uma jornada de sucesso. Nada cai do céu, você precisa se dedicar, agir, colocar em prática seus planos.

Mas existe outro componente vital nessa equação: você precisa amar a sua caminhada, ser apaixonado pelo que faz. Sem amor e sem paixão, nada o fará ser obstinado e imparável o suficiente para chegar efetivamente aos seus objetivos.

Quanto a sermos apaixonados por nossa jornada, precisamos levar em conta que, normalmente, criamos uma grande expectativa quanto ao resultado que queremos atingir, mas nem sempre ficamos satisfeitos quando o conquistamos, o que gera frustração. Por isso mesmo, fazer o que amamos nos garante maior prazer e traz satisfação a cada passo dado. Focando no caminho em vez de só pensar nos resultados, aproveitamos tudo que há de bom em cada etapa dele.

Cada dia temos uma nova oportunidade de correr atrás dos nossos propósitos, mas também temos que lidar com o fato de que sempre haverá pessoas falando que nosso objetivo é grande demais, que nossos sonhos estão mais para fantasias irrealizáveis, ou outras coisas desse tipo. É preciso afastar a negatividade e não dar ouvidos a essas pessoas. Devemos nos lembrar de que acreditando e amando o que fazemos vamos mais longe, realizamos mais e tornamos possível o que a maioria diz ser impossível.

Quando você acredita em si mesmo, prepara-se e luta com humildade para evoluir e coloca paixão em sua batalha diária, o sucesso fica cada vez mais perto. Você se torna incansável e irrefreável, buscando a vitória até que ela aconteça.

O obstinado imparável tem amor pela jornada que leva ao sucesso. Ele conhece todo o poder que existe por trás de um caminho trilhado com coragem e paixão. Ele entende que:

➥ A alegria maior não está em terminar uma atividade, mas em realizá-la;
➥ A cada passo dado em nossa caminhada é criada uma versão melhor de nós mesmos;
➥ A jornada nos melhora como pessoas e nos faz mais experientes, capazes e confiantes;.
➥ A vida é dinâmica. Logo, viver é algo que diz muito mais sobre a travessia do que sobre o destino;
➥ Amar a jornada é mais importante do que amar o objetivo, pois passamos mais tempo plantando do que aproveitando os frutos que colhemos;
➥ Ao trabalhar com o que amamos temos a vantagem de desfrutar do momento presente enquanto sonhamos com a meta a ser atingida;
➥ É o foco concentrado no caminho que produz o resultado buscado. É dele que vem o sucesso;

- O fazer costuma ser mais importante do que os frutos em si;
- Todo conhecimento adquirido durante o percurso é útil. Nada do que vivemos na estrada que trilhamos é perdido.

A própria vida é, por si só, uma jornada. Nela, não buscamos o destino final, mas viver cada dia plenamente. Devemos colocar o nosso amor e a nossa paixão em cada pequena etapa diária. Isso vale para a vida como um todo e também para cada uma das nossas caminhadas à procura da realização dos nossos sonhos.

Viver é uma jornada de descobertas. E há momentos em que estamos no topo das montanhas, felizes e triunfantes, e outros em que nos encontramos em profundos vales, amargando derrotas não esperadas. Mas tudo isso é parte de um processo de transformação, no qual melhoramos a cada dia.

Não se engane achando que pessoas bem-sucedidas nunca fracassaram. Todos que alcançaram o sucesso tiveram que passar, obrigatoriamente, pela escola do fracasso. Ambos, sucesso e fracasso, fazem parte da nossa jornada.

Lembro-me bem de quando eu queria me tornar juiz e fui reprovado em vários concursos. Como empreendedor, vi a primeira empresa que criei, a Janguiê Cobranças, ir à falência, mas entendi que isso fazia parte do jogo e segui em frente. Cada desafio, cada derrota e cada vitória serviram para me tornar cada dia mais obstinado e imparável.

É muito comum encontrarmos empreendedores que passaram por um sem-número de fracassos antes de vencerem. Os desafios são muitos e as dificuldades permeiam os caminhos de quem empreende. Quando encontramos um empreendedor de sucesso, com certeza ele tem um histórico de tentativas e frustrações antes da vitória. São esses os empreendedores obstinados e imparáveis.

Faça um juramento para si mesmo de que, por maiores que sejam as dificuldades, você transformará os erros em aprendizado e seguirá em frente, de modo ininterrupto.

Por isso, um dos conselhos que dou às pessoas que me perguntam qual é o segredo do meu sucesso é: "Se for para desistir, desista de desistir". Faça um juramento para si mesmo de que, por maiores que sejam as dificuldades, você transformará os erros em aprendizado e seguirá em frente, de modo ininterrupto.

Coloque amor ao trilhar sua jornada e lembre sempre que "o sucesso é uma questão de fazer até dar certo e não fazer apenas se der certo". Leve esse lema para a sua vida, trabalhando diariamente com amor e paixão.

Inspire outras pessoas

Quem é obstinado imparável vai muito além dos próprios interesses: ele inspira outras pessoas a também serem imparáveis, ajudando a mudar muitas vidas para melhor.

A melhor estratégia de construção do sucesso é buscar fazer uma diferença positiva no mundo. Por isso é fundamental ter a determinação de mudar para melhor não só a própria vida, mas as das muitas pessoas que decidirem caminhar ao seu lado. Ninguém realiza algo realmente grandioso sozinho. Como disse a escritora e jornalista Clarice Lispector: "Quem caminha sozinho pode até chegar mais rápido, mas aquele que vai acompanhado com certeza vai mais longe".

Quando falamos em construir o sucesso não se trata de chegar rapidamente, mas de irmos tão longe quanto for possível na área em que atuamos. O obstinado imparável sabe disso e sempre tem ao seu lado pessoas interessadas em crescer e evoluir. Para ser um obstinado imparável é preciso ser inspirador e motivador para agregar pessoas dispostas a caminhar junto, rumo ao sucesso.

Um obstinado imparável precisa ter algumas características fundamentais:

- Ser inspirador e levar as pessoas a serem assertivas no modo de pensar, agir e conquistar o que desejam;
- Ter o compromisso de motivar positivamente sua família, seus amigos e as pessoas ao seu redor;
- Reconhecer que o sucesso deixa rastros e fazer questão de marcar seu caminho rumo ao sucesso para que outros também possam segui-lo;
- Deixar boas sementes por onde passar para que outras pessoas também possam plantar e serem bem-sucedidas.

O obstinado imparável leva para o topo as pessoas que contribuíram para o seu sucesso e, enquanto constrói a sua vitória, inspira e ajuda seus colaboradores a também crescerem e conquistarem os próprios objetivos. Assim, ele forma uma base sólida de sustentação para seus negócios, com gente competente atuando com ele, de modo que ganha liberdade para lançar-se a voos mais altos, a novas conquistas.

Resgate o imparável que existe dentro de você

Durante toda a minha infância, eu e minha família vivemos em casas humildes. Tínhamos somente o necessário e o que meu pai, com muito esforço e trabalho árduo e contínuo, podia nos proporcionar. Acredito que essas lembranças e o exemplo do meu pai foram combustíveis para eu ter em mente que ofereceria à minha família não apenas aquilo que eu não tive, mas tudo o que o fruto do meu trabalho pudesse oferecer de melhor. E mesmo sem saber disso, de maneira precoce eu tomei a decisão de ser um obstinado imparável, o que me abriu uma perspectiva de vida com um mundo de possibilidades.

Ser um obstinado imparável

Por isso, neste momento quero lhe fazer algumas perguntas: você é imparável? Você sempre termina o que começa? Vem seguindo firme, com resiliência e obstinação, para superar as dificuldades, ou desiste diante dos primeiros infortúnios? Pense bem sobre isso, pois suas respostas podem ser a diferença que falta para você decolar na vida e conquistar tudo o que sonha.

Torne-se um imparável. Ou melhor, resgate o irreprimível que existe dentro de você. Quando o deixa aflorar, nada o interromperá, ninguém nem nada conseguirá contê-lo.

Agora avalie rapidamente o quanto você já é um imparável. Você sabe que é um obstinado imparável quando:

- Age com determinação e o tempo todo faz acontecer o que é importante;
- Não para nunca e nem dá espaço para que surjam elementos com potencial de fazê-lo desistir da sua caminhada;
- Compreende e aceita que pode até demorar um pouco mais para avançar diante das dificuldades, mas jamais para de seguir em frente;
- Tem como preceito que "o sucesso é uma questão de fazer até dar certo e não fazer apenas se der certo";
- É convicto de que alcançará aquilo que busca, nunca duvida do próprio sucesso, seja qual for a empreitada a que se dedique;
- Não aceita o impossível, vê nele um desafio e tem plena consciência de que ele é feito de "várias partes possíveis" quando se age com determinação, dedicação, compromisso e planejamento. Sabe quando dividir um problema complexo em pequenas partes mais simples e o resolve de modo efetivo e organizado.

Acredite: você não vai desistir a não ser que queira. Talvez você esteja cansado ou pareça que as coisas não dão certo em sua vida, mas você não vai desistir porque bem lá dentro, em seu íntimo, você sabe que pode vencer. Quando você escolhe seguir em frente, dá forças para que o obstinado imparável que existe em você tome as rédeas dos acontecimentos e o conduza para o sucesso.

Faça mais do que o necessário e vença

Tenho certeza de que seus sonhos são grandiosos, que sempre lhe vem à mente o desejo de realizar coisas significativas e a vontade de fazer seu sucesso acontecer. É natural que seja assim porque você nasceu para vencer.

Joseph Murphy, autor de 36 livros de ciência aplicada, entre eles *O poder do subconsciente*,[27] disse: "O homem nasceu para vencer, para conquistar, para transpor. A inteligência, o saber, a força do bem, jazem em seu íntimo, esperando para serem desencadeados, para elevá-lo acima de todas as dificuldades".

Para colocar em ação seu potencial de sucesso, você deve ter um bom motivo – de preferência um motivo bem forte – para continuar, que sirva de combustível para sua caminhada. Quando as dificuldades se fizerem mais fortes do que você acha que pode suportar, lembre-se desse seu motivo maior, que o fez começar, e renove sua disposição e sua determinação de ir até o fim. A cada dia, revigore a fé e a confiança em sua capacidade. A determinação de nunca parar antes de atingir seus objetivos levá-lo-á a superar todos os obstáculos, mesmo os que parecem impossíveis.

---

[27] MURPHY, J. **O poder do subconsciente**. São Paulo: Harper Collins, 2019.

Você é parte ativa na criação do Universo e é capaz de criar o seu próprio destino com a forma como você pensa e nutre a sua realidade quando se responsabiliza por sua vida. Você tem dentro de si o poder que o torna capaz de fazer qualquer coisa que valha a pena e de ir até o fim, de realizar com paixão e determinação tudo o que lhe é importante. Você quer ter resultados impactantes em sua vida? Use esse poder, faça de cada dia uma oportunidade para dar o seu melhor.

Pequenas ações diárias constroem futuros prósperos e transformadores. Não se contente com o mediano, o medíocre. Vá além, faça mais do que o necessário e empenhe esforço e dedicação em seus propósitos. Trabalhe com afinco, dê o seu melhor todos os dias e faça do sucesso uma consequência do seu esforço. E lembre-se: nunca pare no meio do caminho.

Aja com base em seu potencial criador e transformador e se torne um verdadeiro obstinado imparável.

7

Ser um obstinado com domínio de soft skills

Soft skills são habilidades comportamentais que dizem respeito a duas principais atividades: a maneira como uma pessoa lida com os outros e como ela lida com suas próprias emoções. Quanto maiores suas competências de soft skills, mais positiva e assertivamente ela consegue lidar com as situações.

Em termos profissionais, soft skills têm a ver com a maneira como cada um encara as circunstâncias na empresa e como ela interage com as pessoas com quem trabalha. Nessa área, entre as principais soft skills estão a colaboração, a empatia e a comunicação. Já a inteligência emocional é mais uma ferramenta para desenvolver as soft skills.

Soft skills e a humanização das relações de trabalho

Já se foi o tempo em que as únicas competências necessárias para se ter um bom cargo em uma empresa eram as relacionadas apenas à capacidade técnica do profissional. Também não se pode mais associar a capacidade empreendedora e o sucesso nos negócios só com o preparo técnico ou a especialização de uma pessoa em uma área específica. Hoje, apenas saber fazer, mesmo que bem, não é mais o suficiente para garantir bons resultados e colocação profissional.

O profissional e empreendedor obstinado, mesmo que se dedique totalmente à busca do sucesso, com todo seu poder de transformação da realidade e sua alta energia de realização, depende de novas ferramentas para construir e consolidar seu êxito com real poder transformador e de crescimento ao longo do tempo.

Com o aumento da automação, da velocidade de comunicação, dos progressos digitais e das mudanças do mundo atual, as habilidades cognitivas ou profissionais deixaram de ser suficientes para alcançar e manter o sucesso, qualquer que seja o ramo de atividade.

No mundo dominado pela era digital, cresce rapidamente a demanda por habilidades não só técnicas, mas também comportamentais, as chamadas soft skills, com o objetivo de humanizar um ambiente cada vez mais dependente de robôs e máquinas, com mudanças e necessidades diferenciadas e urgentes.

Soft skills são habilidades comportamentais e interpessoais que definem a maneira como lidamos com as situações no dia a dia. Como exemplos cito: facilidade de comunicação, capacidade de exercer uma liderança eficaz, poder de persuasão, autoconhecimento, inteligência emocional, adaptabilidade, criatividade e facilidade quanto a inovações. As soft skills também geram maior colaboração e empatia entre as pessoas, boa comunicação, cuidado e aprimoramento dos relacionamentos.

Enquanto as chamadas hard skills se referem basicamente aos conhecimentos técnicos e às competências profissionais, as soft skills têm mais a ver com o modo de ser da pessoa e como ela se comporta e se relaciona com os demais. Ou seja, elas abrangem os traços de caráter que decidem quão bem uma pessoa interage com as outras e, geralmente, são uma parte definida da personalidade do indivíduo.

Se, por um lado, as hard skills nos capacitam a construir máquinas, métodos e estratégias precisas e eficientes, as soft skills nos permitem usar nosso lado humano para lidar com as situações cotidianas no

Ser um obstinado com domínio de soft skills

ambiente em que vivemos, no trato com outras pessoas e nas mais diversas circunstâncias em que as interações humanas são essenciais. As soft skills são determinantes em todo e qualquer negócio em que se queira construir um sucesso realmente sólido.

No passado, as hard skills eram as únicas competências exigidas dos profissionais, em praticamente todos os setores do mercado. Assim, uma formação educacional e alguma experiência de trabalho eram suficientes para um profissional se destacar. O sucesso estava relacionado tão somente à capacidade técnica de completar tarefas.

Esse quadro mudou nos últimos anos e as soft skills passaram a se equiparar em importância às hard skills. Existem estudos que confirmam, cada dia mais, a supremacia das soft skills na geração de resultados mais consistentes e duradouros. Já é possível afirmar que a maior parte do sucesso em longo prazo resulta de competências sociais e relacionais. O que também acontece com as conquistas de profissionais em suas carreiras – a grande maioria é determinada por uma união de soft skills e hard skills.

Com o advento da inteligência artificial, percebemos que ela é, hoje, o símbolo maior de todas as mudanças que estão acontecendo no mundo moderno. Ela não só representa essas mudanças como também as provoca. Logo, nosso papel, como empreendedores obstinados e munidos de soft skills, passa a ser usar a inteligência artificial em conjunto com a inteligência emocional para equilibrar nossas emoções e resgatar nossa humanidade enquanto trabalhamos para produzir resultados em um mundo altamente disruptivo.

Essa nova forma de atuar já faz parte dos empreendimentos que vêm apresentando crescimento exponencial. Investir em soft skills é a estratégia que as grandes empresas vêm usando para viabilizar as transformações necessárias para ter sucesso em um mundo tão ágil e automatizado como o de hoje.

As soft skills tornam as pessoas mais flexíveis

No início da década de 1990, o sociólogo e filósofo polonês Zygmunt Bauman descreveu a nova realidade em que o mundo estava vivendo como uma *Modernidade líquida*[28] para explicar a sociedade de então, em que nada era fixo. E de lá para cá temos visto, cada vez mais, a comprovação dessa teoria. Com efeito, no mundo moderno tudo é passível de mudança a todo o momento, com uma rapidez surpreendente.

Paralelamente, também na década de 1990, o exército norte-americano começou a usar a sigla VUCA para descrever os diversos contextos e conflitos militares possíveis de ocorrer, preparando-se para enfrentá-los. VUCA é um acrônimo formado pela primeira letra de quatro características marcantes da atualidade: Volatility (Volatilidade), Uncertainty (Incerteza), Complexity (Complexidade) e Ambiguity (Ambiguidade).

Mais recentemente, esse termo foi incorporado ao meio corporativo e, de modo mais amplo, a tudo o que se refere às mudanças modernas. Esses quatro conceitos se mostram perfeitos para descrever o mundo em que vivemos, um mundo de modificações rápidas, em um cenário altamente desafiador.

Em resumo, temos como realidade um mundo que se convencionou chamar de VUCA, onde impera uma "realidade líquida" que, se não cuidarmos, escorrerá por entre nossos dedos a cada dia, moldando-se em formatos diferentes e desafiadores. Para fazer frente a essa realidade e nela ser bem-sucedido, o profissional de hoje precisa ser altamente empreendedor, obstinado, imparável e especializado em soft skills.

---

28 BAUMAN, Z. **Modernidade líquida**. Rio de Janeiro: Zahar, 1999.

Ser um obstinado com domínio de soft skills

Como já foi dito, com o aumento da automação e das mudanças rápidas, as habilidades puramente técnicas ou racionais não são mais suficientes hoje em dia. Precisamos de profissionais que se reinventam, especialmente no trato com pessoas, que se especializem em competências não técnicas, em habilidades comportamentais, que dizem respeito a relacionamentos humanos. Elas são como um conjunto de traços de personalidade que levam a um comportamento produtivo nas interações, sejam de cunho particular ou profissional.

Entre as capacidades consideradas como soft skills temos as habilidades de comunicação, linguísticas e relacionais, os hábitos pessoais, a empatia, a capacidade de gerenciamento de tempo, a predisposição para o trabalho em equipe e algumas características de liderança.

Cabe ressaltar aqui que o ato de se relacionar com pessoas implica que sempre haverá as mais diversas emoções envolvidas no processo. Precisamos cuidar dos nossos relacionamentos a partir do trato assertivo com as nossas emoções, tendo cuidado com as emoções das pessoas com quem interagimos. Por essa razão, digo que as soft skills que iremos estudar estão, de alguma forma, ligadas ao tema habilidades sociais ou relacionais e, é claro, à inteligência emocional. Vamos explorar mais esses dois temas e perceber como eles estão ligados ao conceito e à aplicação das soft skills que são muito importantes no convívio social e profissional.

É interessante notar que as soft skills têm ganhado mais importância devido ao fato de não se restringirem a um campo específico de atuação. Tratam-se de habilidades que podem ser utilizadas em todos os aspectos da vida, independentemente da situação.

Elas tornam as pessoas mais flexíveis, tolerantes, compreensivas e predispostas ao entendimento, o que é algo excelente e necessário em um mundo em constante mudança em que as emoções ficam à flor da pele. A sua versatilidade torna possível que as pessoas se adaptem e se comportem positivamente e possam enfrentar os desafios da vida moderna. Assim, elas são o grande diferencial para o sucesso de qualquer empreitada. Ou, ainda, como afirmou James Heckman, economista ganhador do Prêmio Nobel, as habilidades sociais (ou soft skills) "são ingredientes essenciais para o sucesso na vida".[29]

As principais soft skills

Soft skills são as competências humanas – também chamadas de habilidades socioemocionais e relacionais – adquiridas, principalmente, por meio do desenvolvimento da inteligência emocional. É o nosso jeito de ser, de nos relacionarmos conosco e com as pessoas no meio em que vivemos e atuamos. São recursos que têm a ver com a nossa capacidade de desenvolver uma relação positiva com o mundo a nossa volta.

Elas evidenciam capacidades de liderança, facilitam a convivência no ambiente de trabalho e dão suporte para as adaptações necessárias em um ambiente de mudanças tão rápidas e disruptivas como as de hoje. Estão entre os principais diferenciais que definem o nível de sucesso que cada profissional atingirá em sua jornada empreendedora.

Uma das grandes vantagens com relação às soft skills é que elas podem ser adquiridas e desenvolvidas desde que tenhamos consciência delas, saibamos avaliar como estamos em relação a cada uma e tenhamos determinação verdadeira de incorporá-las ao nosso modo comportamental. Para isso, é importante conhecer as principais soft skills que devemos desenvolver e aprimorar para nos destacar no mercado de trabalho. Para facilitar esse conhecimento, relaciono-as a seguir.

---

[29] JAMES Heckman muda a equação para a prosperidade americana. **Heckman Equation**, 2013. Disponível em: https://heckmanequation.org/www/assets/2017/01/D_Heckman_FMCSVbrochure_012215.pdf. Acesso em 19 set. 2022.

Alta capacidade de resiliência – Antes de tudo é preciso aceitar que errar faz parte de qualquer empreendimento. Depois, é necessário compreender que as falhas e as derrotas fazem parte do processo de aprendizagem. E, finalmente, desenvolver a persistência para continuarmos avançando até atingirmos os nossos objetivos.

É assim que manifestamos e desenvolvemos a resiliência. E ela é fundamental, em especial nos momentos de crise. Aprender a não desistir, continuar trabalhando e superar as adversidades nos fortalece, torna-nos mais maduros e competentes, e contribui para a construção da nossa antifragilidade, como já vimos em capítulo anterior.

Alto nível de autoconfiança – Só pode contribuir verdadeiramente com os planejamentos e estratégias de crescimento da empresa ou do próprio empreendimento, da carreira ou do seu próprio negócio, quem tem confiança no que faz e na própria capacidade de vencer os obstáculos, realizar ações fundamentais e continuar a progredir.

Capacidade de ver o todo – Quando olhamos somente para um determinado ponto de um processo, sem se preocupar com a visão do todo, podemos cometer erros de julgamento e adotar estratégias inadequadas, ou mesmo ficar desmotivados diante das dificuldades. A capacidade de ver o todo nos ajuda a compreender onde estamos integrados e o porquê de cada ação ser importante.

Colocar o foco sempre em atitudes positivas – É claro que não basta apenas pensar positivamente. Mas, lembre-se daquela frase que já citei neste livro e faço questão de grifar aqui, dita pelo então palestrante e escritor Zig Ziglar: "o pensamento positivo não pode tudo, mas nos ajuda a fazer tudo melhor do que se estivermos com o pensamento negativo".

Pensar positivamente é um grande motivador para desenvolvermos ações mais acertadas e bem direcionadas. Pensar e agir de maneira positiva são dois dos principais passos para que tudo dê certo na busca de resultados e na realização dos nossos sonhos.

Dedicação à solução de problemas – Quem tem a capacidade e a disposição para solucionar problemas tem a habilidade de resolver as adversidades com objetividade e faz toda a diferença na busca por resultados, sejam seus, da equipe ou da empresa. Para desenvolver essa habilidade, o profissional precisa ser um bom observador, detalhista e proativo. Além da capacidade de analisar uma situação, o profissional precisa dominar tecnicamente seu ramo de atuação e, sobretudo, ter destreza para tomar decisões e escolher os melhores caminhos para conseguir a melhor solução – ou seja, ter a habilidade de resolver problemas. Cada vez mais as empresas procuram por profissionais que têm a capacidade de resolver problemas. Como afirma o empresário, palestrante e escritor Roberto Shinyashiki, em seu livro *Problemas? Oba!*: "As empresas devem competir para ver quem resolve melhor os problemas dos clientes. Por isso você precisa ser capaz de ajudar a construir uma empresa que consiga resolver mais e melhor os problemas de seus clientes".

Disponibilidade e disposição para colaborar sempre – A disposição de colaborar é uma característica fundamental das pessoas de sucesso. Ninguém faz nada sozinho. É de grande importância ter mentalidade colaborativa para se criar um ambiente de trabalho mais saudável, onde os relacionamentos sejam de ajuda mútua e cortesia. A colaboração favorece o trabalho em grupo e a busca por alto rendimento e grandes resultados.

Disposição e equilíbrio para suportar críticas – Não importa o que façamos ou o quão bem trabalhemos, sempre estamos sujeitos a críticas, sempre haverá alguém que pense de modo diferente do nosso ou que, simplesmente, não tenha outra coisa a fazer a não ser criticar. É fundamental saber ouvir as críticas com equilíbrio – aproveitando as construtivas e desprezando as que nada acrescentam –, sem deixar as negativas nos abalar ou interferir em nossa capacidade de realização. Também é importante sermos cuidadosos e responsáveis ao fazer críticas a outras pessoas.

Disposição e facilidade para ser flexível – Flexibilidade e adaptabilidade são duas características soft skills de primeira linha. O ser humano é, por si só, altamente adaptável. Porém muitos profissionais abrem mão da flexibilidade para se dedicarem a uma maior capacitação técnica devido ao rápido desenvolvimento do mercado.
Cada vez mais é preciso que os profissionais estejam dispostos a se reinventar para fazer frente às novas demandas. Além disso, é importante usar essa mesma flexibilidade para trabalhar de modo a desenvolver os cuidados necessários no convívio com seus companheiros de trabalho.

Disposição e preparo para exercer uma liderança protagonista – Quando nos referimos às posições de liderança dentro das empresas, devemos considerar que "ser protagonista é ter autoconhecimento e disciplina para entrar em ação e conseguir mudar hábitos já instaurados e consolidados durante a sua trajetória de vida e carreira", como afirmou Susanne Andrade em seu livro *Líder protagonista: uma nova atitude na agilidade*.[30] Ser capaz de exercer uma liderança protagonista é uma soft skills de alto valor no mercado. Significa que o profissional sabe motivar e engajar as pessoas do seu time, proporciona segurança e tranquilidade de trabalho para sua equipe, é capaz de identificar as melhores competências de cada colaborador e sabe como aplicar cada uma delas para atingir as metas estabelecidas.

Domínio da comunicação escrita – Assim como devemos ser cuidadosos com a comunicação verbal – presencial ou remota –, precisamos ter muito cuidado com a nossa comunicação escrita. Muito do que comunicamos para outras pessoas se dá por e-mails, contratos, mensagens instantâneas ou até mesmo em publicações em redes sociais. Saber escrever corretamente ajuda na boa comunicabilidade e preserva a nossa imagem pessoal e profissional. E mais do que escrever bem, é importante ser claro e objetivo.

Outro ponto a considerar é lembrar que assim como a palavra pronunciada não pode ser recolhida, uma mensagem escrita, depois de enviada, raramente pode ser corrigida ou apagada. E o mais grave: o erro cometido, seja de qual tipo for, ficará registrado. Logo, é preciso uma atenção especial à comunicação escrita.

---

30 ANDRADE, S. A. *op. cit.*, 2022.

Domínio no gerenciamento do tempo – Uma das soft skills mais valorizadas nos meios empresariais é a administração do tempo. Embora essa seja uma característica aparentemente óbvia, ela está ligada ao comprometimento e à organização do profissional, e denota respeito com as pessoas com quem ele se relaciona ou trabalha.

Facilidade de comunicação – Ter uma comunicação eficaz, embora pareça algo bem básico, é um dos pontos em que as pessoas se enroscam. A verdade é que grande parte dos profissionais tem dificuldade para manter bons diálogos, seja no campo pessoal ou no profissional.
Os profissionais que sabem se comunicar com clareza e objetividade se destacam em qualquer situação, por isso a facilidade de comunicação é uma das principais aptidões a serem desenvolvidas. Aliás, a capacidade de se fazer entender de maneira clara e eficaz é fundamental em qualquer área da vida.

Facilidade nos relacionamentos interpessoais – Em geral, todo trabalho depende de mais de uma pessoa. Somos seres sociais, trabalhamos com e para as pessoas, assim como precisamos delas para seguir fazendo o nosso papel no mundo e nos realizar. Uma boa conexão com as pessoas, com relacionamentos positivos, construtivos e de colaboração, ajuda-nos a atingir melhores resultados e contribui para que elas também progridam em seus objetivos.

Habilidade para trabalhar sob pressão – Conseguir manter o ritmo de trabalho sob pressão sem perder a harmonia e a colaboração no ambiente de trabalho é uma habilidade altamente desejável. Entre outras virtudes, demonstra foco e determinação do profissional.

Seja qual for o ambiente, sempre existirão situações desafiadoras que exigem muito equilíbrio emocional para que o trabalho e os resultados não sejam afetados. Por mais tranquila e bem-estabelecida que a rotina seja, imprevistos e urgências surgirão. É preciso saber gerenciar a pressão sem gerar estresse e sem perder o foco.

Hábitos de organização e de planejamento – Ser um profissional organizado e afeito ao planejamento potencializa o desempenho e normalmente leva à economia de tempo, de energia e de recursos, pois permite mais objetividade e melhor aproveitamento das oportunidades. Tudo isso se traduz em maior qualidade final do trabalho e em melhores resultados, evitando erros e desvios de propósitos.

Jogo de cintura para trabalhar em equipe – Profissionais com soft skills de colaboração e solidariedade se destacam entre os demais. Quem tem jogo de cintura para gerenciar situações atípicas no trabalho em equipe têm seu valor ampliado dentro dos conceitos empresariais.

Prática da empatia – É por meio dessa habilidade que aprendemos a nos colocar no lugar do outro, dando aos sentimentos dele a mesma atenção e cuidado que damos aos nossos. Assim, tratamos a todos com respeito, educação e, sobretudo, com afeição e compreensão, o que ajuda muito na qualidade dos relacionamentos.

Quando a empatia se estabelece, abre-se espaço para maior entendimento e maior colaboração entre as pessoas, favorecendo o crescimento pessoal e profissional de cada um. Em um trabalho em equipe, quando os relacionamentos se fortalecem, a dedicação de cada colaborador aumenta substancialmente.

Prática do pensamento criativo – A criatividade nos permite inovar e buscar melhorias e soluções inéditas para situações de trabalho e de negócios. É uma capacidade que pode ser desenvolvida por meio de estudos e práticas e que evolui com a experiência prática no dia a dia.

A base do pensamento criativo consiste em olhar para situações corriqueiras e imaginá-las de modo diferente e até mesmo ousado. Uma ideia bastante difundida hoje em dia e que exprime bem o conceito de ser criativo pode ser encontrada na frase "pensar fora da caixa".

Primar pela ética – A ética é um dos principais diferenciais nas relações humanas, em especial em situações tensas, competitivas e com múltiplas possibilidades. Ela é embasada nos princípios que motivam, disciplinam e orientam o comportamento humano, refletindo normas e valores presentes na realidade social.

De modo geral, podemos dizer que a ética fornece a sustentação para o desenvolvimento das outras soft skills. Ela é aprendida desde a infância, na convivência com as pessoas que nos educaram, e é desenvolvida e aprimorada ao longo da vida, com base nos valores individuais e coletivos que vamos agregando ao nosso modo de ser e de nos comportarmos.

Ser hábil em negociações – Negociar de maneira justa e vantajosa para todos os envolvidos é buscar atingir um resultado que satisfaça todas as partes. É extremamente importante desenvolver a habilidade de conduzir negociações em qualquer situação para que os resultados visados pelas partes envolvidas sejam alcançados.

Em uma visão rápida, esses são os atributos pessoais e comportamentais de maior destaque e mais procurados pelas empresas e profissionais em geral, e podem ser classificados como as soft skills mais desejadas. São eles que garantem os diferenciais do profissional no mercado de trabalho e também na vida particular, sendo vital identificá-los e desenvolvê-los. Mas as pessoas não desenvolvem essas habilidades no mesmo nível, pois a individualidade de cada ser humano é que define suas afinidades, suas dificuldades e suas facilidades. Cada profissional deve investir nas soft skills que lhe sejam mais adequadas ou mais necessárias gerando, assim, seu diferenciador no mercado.

O importante é ter em mente que o desenvolvimento das soft skills é fruto de um investimento contínuo e persistente no próprio aperfeiçoamento. Ajuda muito, nesse desenvolvimento, avaliar quais são as nossas capacidades, as nossas compatibilidades e as facilidades que temos com cada habilidade necessária, bem como procurar levantar quais as capacidades que o mundo corporativo exige e, então, concentrar nossos esforços nas soft skills que nos sejam mais vantajosas.

Outro ponto de extrema importância a considerar é que todas essas soft skills – e outras – têm a *inteligência emocional* como alicerce, onde estão ancoradas e de onde podem ser desenvolvidas. Por sua vez, elas também são a base para a formação das nossas *habilidades sociais e relacionais* e definem como transitamos pelo mundo e nos relacionamos com outras pessoas para que cada um cumpra com seus propósitos e atinja seus objetivos pessoais e profissionais. Dada a sua importância e relevância, falarei com mais detalhes sobre esses dois temas em capítulos mais à frente.

O empreendedor obstinado e hábil em soft skills

O mundo tecnológico evolui a passos largos, provocando um novo modo de ver e entender o mundo em que vivemos, em uma explosão de inovações, rupturas e novas maneiras de pensar, de agir e de realizar.

Porém, a verdadeira "revolução" é a que está sendo proporcionada pela ação humana, por meio das mudanças em seu comportamento. Diante da exigência enorme que a evolução tecnológica faz, as pessoas são chamadas a aprimorar suas habilidades sociais e de relacionamentos – a aprender a dominar cada vez mais as chamadas soft skills.

Assim, os gestores aprendem a liderar seus times de maneira mais humanizada e a negociar novos formatos e estratégias de relacionamento e de interações. Além disso, equipes passam a lançar mão da empatia e da colaboração, ferramentas tão necessárias para que os resultados coletivos e individuais sejam alcançados. Os profissionais passam a ter uma nova atitude e assumem a responsabilidade por sua vida e por sua carreira, contribuindo para mudar o mundo para melhor. E tudo isso leva a um novo nível de humanidade no ambiente corporativo.

E aqui encontramos um personagem especial, o empreendedor obstinado, que tem vontade e poder de realização imensos, que sabe que realmente pode fazer uma diferença positiva no mundo e incentivar pessoas a fazerem o mesmo, potencializando sonhos, alavancando propósitos e esforços, criando uma sinergia para transformar ainda mais a realidade. Por tornar as pessoas mais flexíveis em um ambiente cheio de incertezas, as soft skills também são conhecidas como *power skills*, e têm um enorme potencial de impulsionar os resultados de empreendedores obstinados, levando-os ao sucesso com mais rapidez e maior segurança.

Ao desenvolver soft skills, usa-se a inteligência emocional como ferramenta para colocar a inteligência artificial na direção de construir um potencial maior de vitórias. Esse é o grande diferencial de um profissional obstinado no atual mundo dos negócios, dos empreendimentos e do trabalho.

A título de ilustração, vale mencionar que, conforme sinalizou a OCDE,[31] é crescente a importância das soft skills também na educação. Isso se justifica devido a tendências como a globalização e os rápidos avanços na tecnologia e na inteligência artificial, que exigem mudanças no mercado de trabalho e nas competências que os futuros profissionais precisam ter para serem bem-sucedidos. Para se manterem competitivos, os profissionais têm de adquirir novas habilidades emocionais continuamente, o que exige flexibilidade, curiosidade e uma atitude positiva quanto à aprendizagem ininterrupta.

Aprimorando relacionamentos

As soft skills têm mais a ver com quem as pessoas são do que com o que elas sabem. Elas abrangem os traços de caráter que decidem quão bem uma pessoa interage com as outras e estão intimamente ligadas aos recursos que temos para aprimorar e humanizar nossos relacionamentos. São habilidades interpessoais geralmente consideradas como uma parte da personalidade do indivíduo.

---

31 Segundo o relatório da OCDE (Organização para a Cooperação e Desenvolvimento Econômico), "Future of Education and Skills 2030", divulgado em 2019. Saiba mais em: https://www.oecd.org/education/2030-project/teaching-and-learning/learning/. Acesso em: 5 set. 2022.

Com boas interações entre as pessoas, que possibilitam que as habilidades sociais e relacionais floresçam, é comum que a confiança coletiva se desenvolva e os resultados de uma empresa se elevem. Profissionais com boas habilidades relacionais ajudam a organização a alcançar níveis mais altos de eficiência e produtividade.

Outra grande vantagem das soft skills é que, sendo um conjunto de habilidades, elas podem ser aprendidas e ensinadas. Embora esse não seja um conhecimento ou uma prática que possa ser adquirida por meio de um treinamento formal, é sempre possível melhorar nosso arsenal de soft skills com base na vivência do dia a dia. Para isso, precisamos estar abertos ao que acontece ao nosso redor e a como as pessoas reagem ao que fazemos ou dizemos. E então, a partir desses feedbacks, tomar as decisões e empreender as ações necessárias para mudar nosso comportamento.

Cursos específicos relacionados à arte da convivência humana também podem fornecer dicas e estratégias preciosas para o desenvolvimento de melhores práticas relacionais, o que ajuda a melhorar o nível de interações entre as pessoas e suprimir possíveis deficiências nas soft skills.

Basicamente, os treinamentos focam em ajudar a pessoa a desenvolver ou melhorar suas habilidades interpessoais e consistem em estudos e práticas voltadas para melhorar a comunicação, desenvolver a empatia, aumentar a capacidade de escuta ativa, resolver conflitos e desenvolver outras habilidades. O coaching, a modelagem de pessoas de sucesso e as *masterclasses* específicas da área de relacionamentos e empreendedorismo estão entre os métodos mais comuns e eficazes para melhorar as soft skills.

Ressaltando uma vez mais a importância das soft skills, deixo aqui uma citação de Ed Hess, coautor do livro *Humility is the New Smart: rethinking human excellence in the smart machine age*:

> A tecnologia do futuro, liderada por Inteligência Artificial e aprendizado profundo, poderá nos superar de várias maneiras. No entanto, na próxima era da máquina inteligente, nossa Inteligência Emocional (ou ainda, as soft skills) será o fator que nos tornará únicos e empregáveis.[32]

Como observação final, chamo sua atenção para o fato de que é bastante ampla a gama de atividades, habilidades e capacidades que podemos classificar como soft skills e que entre elas estão as habilidades sociais e relacionais de modo geral e a inteligência emocional. Além de se configurarem propriamente como soft skills, elas ainda têm um papel importante na definição e no desenvolvimento de outras habilidades comportamentais.

A importância da inteligência emocional e das habilidades sociais e relacionais como soft skills é tanta que lhes dediquei capítulos exclusivos neste livro. Vamos explorá-las um pouco mais e perceber como elas estão ligadas ao conceito e à aplicação das diversas soft skills que são de extrema utilidade no convívio social e profissional.

---

[32] HESS, E.; LUDWIG, K. **Humility is the New Smart**: rethinking human excellence in the smart machine age. Oakland: Berret-Koehler Publishers, 2017.

Nosso papel passa a ser usar a inteligência artificial em conjunto com a inteligência emocional para equilibrar nossas emoções e resgatar nossa humanidade enquanto trabalhamos para produzir resultados em um mundo altamente disruptivo.

8

Ser um obstinado com domínio da inteligência emocional

A inteligência emocional é um conceito da psicologia que designa a capacidade do ser humano de lidar com as próprias emoções e com as que envolvem as outras pessoas. É a ferramenta que busca o equilíbrio das nossas emoções com as emoções dos outros, de modo que possamos nos relacionar de maneira mais harmônica e produtiva.

Como já pudemos constatar, a inteligência emocional é uma necessidade primordial no mundo de hoje. Ela se configura como parte vital das soft skills já que o mundo moderno se volta cada vez mais para o desenvolvimento dos recursos da inteligência artificial. Portanto, antes de falar de inteligência emocional como algo essencial, precisamos falar e entender um pouco a inteligência artificial.

Amit Ray, cientista e autor do livro *Compassionate Artificial Intelligence* [inteligência artificial compassiva],[33] disse: "À medida que mais e mais inteligência artificial está entrando no mundo, mais e mais inteligência emocional deve entrar na liderança". Em outras palavras, quanto mais automatização temos na vida moderna, mais precisamos dar atenção aos aspectos emocionais dos relacionamentos humanos.

---

[33] RAY, A. **Compassionate Artificial Intelligence**: frameworks and algorithms. [S. l.]: Compassionate AI Lab, 2018.

O mundo moderno tem cada vez mais influência e soluções vindas do avanço tecnológico, permitindo que sistemas computacionais simulem uma inteligência similar à humana. Indo muito além de executar ordens específicas de uma programação prévia, os sistemas com inteligência artificial são capazes de tomar decisões de maneira autônoma, baseadas em bancos de dados previamente desenvolvidos, e contribuir para a alimentação e expansão desses mesmos bancos de dados.

Dessa forma, grosso modo, podemos nos referir à inteligência artificial como sendo a capacidade dos sistemas de computadores de "pensarem" como seres humanos, ou seja, aprender, perceber e decidir de modo racional quais caminhos seguir em determinadas situações. Dentro dessa perspectiva, é natural imaginar que máquinas podem substituir os seres humanos em tarefas repetitivas, permitindo o aumento da produtividade nos mais diversos segmentos.

Sem dúvida, uma concepção tão incrível acaba trazendo, como efeito colateral, o receio de muitos profissionais de que as máquinas possam roubar seus lugares e funções no trabalho. Esse é um equívoco bastante comum, cujo sentido deixa de existir a partir do momento em que percebemos que a inteligência artificial tem se tornado uma das principais responsáveis por trazer soluções empresariais que ajudam a tornar as equipes mais produtivas e emocionalmente mais equilibradas e comunicativas.

A tecnologia evolui constantemente e os sistemas computadorizados têm se tornado mais e mais inteligentes, a tal ponto de se tornarem ótimos colaboradores, que nos ajudam a melhorar até mesmo a nossa forma de lidar com as emoções. Com algumas máquinas substituindo os seres humanos em tarefas repetitivas e manuais, além de simplificar o nosso trabalho no dia a dia, conseguimos nos dedicar às nossas habilidades sociais, como a comunicação criativa e a construção de relacionamentos.

Ser um obstinado com domínio da inteligência emocional

Ou seja, é a inteligência artificial contribuindo para que possamos evoluir em nossa inteligência emocional, tornando-nos mais conscientes e nos ajudando a gerenciar, inclusive, nossas principais relações de trabalho. Desse modo, a inteligência artificial colabora para um trabalho humano melhor, pois cria condições para que melhoremos nossa maneira de lidar com as emoções.

A realidade vem nos mostrando que grande parte das tarefas rotineiras de hoje poderão ser automatizadas em um futuro bem próximo, deixando para os seres humanos as incumbências relacionadas ao gerenciamento emocional, em especial em situações de conexões entre as pessoas. Logo, os indivíduos com ótimas habilidades de inteligência emocional têm maior chance de manter seus empregos em comparação àqueles que possuem apenas habilidades técnicas e digitais básicas.

Embora uma máquina possa realizar melhor do que nós algumas tarefas, um ser humano ainda é mais adequado para realizar trabalhos específicos, orientados pelo nosso caráter humano, como liderança, gerenciamento de crises e reconhecimento de talentos. A inteligência artificial não pode, por exemplo, entender o que está havendo em casos de confronto de opiniões, avaliar problemas que envolvem o convívio entre pessoas, apreciar a qualidade do que é belo, interagir e gerar valores humanos aos relacionamentos.

Cada vez mais, a inteligência artificial nos dará condições de investirmos tempo e energia em nos tornarmos profissionais mais inteligentes, mais engenhosos e autoconscientes, permitindo-nos construí-la e desenvolvê-la como uma habilidade que nos abre portas para um futuro mais promissor e bem-sucedido. Ela passou a ser um grande trunfo para os profissionais porque, diante das transformações tecnológicas, é preciso haver também a transformação humana no ambiente de trabalho.

Na verdade, estamos hoje diante de uma realidade maravilhosa, em que podemos deixar as máquinas e os sistemas computadorizados fazerem coisas repetitivas com as quais gastávamos muito tempo e esforço, e ficarmos livres para fazer aquilo que somente nós, humanos, somos capazes e em que devemos nos aprimorar.

Um profissional que procura melhorar sua inteligência emocional trabalha em sua própria autoconsciência e autogestão emocional, ao mesmo tempo em que cuida do estado emocional das pessoas com quem se relaciona.

Em termos empresariais, sempre que falamos em relacionamentos entre os profissionais de uma organização, somos levados a pensar em liderança. É nesse nicho, em que se dão as mais intensas e frequentes interações profissionais humanas – entre líderes e liderados –, que os cuidados com o aspecto emocional precisam ser redobrados. Uma vez que a inteligência artificial provoca mudanças significativas no dia a dia das equipes nas empresas, precisamos elevar nossos conhecimentos e cautela em relação às interações emocionais que advêm dessas mudanças. Em outras palavras, necessitamos nos tornar especialistas na prática da inteligência emocional.

A habilidade de gerenciar emoções

O primeiro passo de um processo guiado pela inteligência emocional é a autoconsciência. Temos que nos tornar capazes de identificar nossas próprias emoções e entender como elas funcionam, pois isso nos permite reconhecer e compreender melhor nossos pontos fortes e fracos, dando-nos uma perspectiva mais realista sobre como funcionamos em nossos relacionamentos.

Dando um passo adiante, partimos em busca da autorregulação, que é a etapa em que lidamos com nossa capacidade não apenas de conhecer nossas emoções, mas também de gerenciá-las. A nossa competência em superar situações emocionalmente estressantes e nos mantermos organizados nos ajuda a nos concentrarmos naquilo que realmente precisamos fazer.

Ao nos tornarmos hábeis em gerenciar nossas emoções, passamos a usá-las melhor para alcançar nossos objetivos, o que gera a automotivação. Segundo Daniel Goleman, a motivação interna é um componente-chave para o sucesso. Quando administramos a nossa própria motivação sem que algo fora de nós o exija, assumimos o controle das nossas ações e alavancamos os nossos resultados.

Uma vez capazes de entender e gerenciar emocionalmente a nós mesmos, começamos a entender as emoções e os sentimentos dos outros, o que nos leva a interações mais próximas e melhores. A partir daí, naturalmente desenvolvemos novas habilidades, que nos permitem reconhecer e entender como as pessoas se expressam e respondem às circunstâncias vividas.

Dentro desse processo, passamos a ter mais capacidade para influenciar positivamente as pessoas. É importante compreender que aqui não se trata de controlar os outros, mas de gerar uma sinergia para que juntos cheguemos aos objetivos propostos, com ganhos reais para todos os envolvidos.

A inteligência emocional como parte vital do empreendedorismo

Uma vez que no mundo corporativo de hoje é necessário estabelecer interações de qualidade para obter um perfeito entendimento entre as pessoas e para o sucesso dos negócios, é razoável e desejável voltar os nossos olhos para a inteligência emocional, uma área do conhecimento humano cada vez mais valorizada.

Dentro desse contexto, em que as soft skills têm se mostrado o caminho para o desenvolvimento de valores mais humanos dentro das relações de modo geral – profissionais, nos negócios e mesmo nos âmbitos familiar e afetivo –, tem ficado em evidência a importância crescente e o interesse pelo tema inteligência emocional como uma competência muito valiosa para conduzir relações interpessoais, ter uma comunicação efetiva e gerenciar conflitos.

É pelo equilíbrio entre as exigências do mundo atual e a inteligência emocional que chegamos aos melhores resultados, tanto na vida pessoal quanto em termos do profissionalismo e do empreendedorismo. Para exercer o seu papel de maneira efetiva, o empreendedor, além de obstinado, deve ter sua inteligência emocional bem desenvolvida, configurando-se ela como uma de suas principais soft skills.

A inteligência emocional se tornou uma das competências mais valorizadas no mercado. Ela aparece entre as habilidades mais desejadas pelas empresas, ao lado da adaptabilidade, da colaboração, da criatividade, da inovação e da persuasão, no que toca aos talentos dos profissionais buscados e contratados, de acordo com o relatório do LinkedIn "2022 Global talent trends",[34] que trata da reinvenção da cultura organizacional das empresas e contém ideias para ajudar as pessoas a construírem uma cultura empresarial saudável e centralizada no ser humano.

Os principais benefícios da inteligência emocional na vida profissional podem ser assim resumidos:

➮ Ajuda a manter o foco e a determinação no cumprimento dos objetivos;

---

[34] 2022 GLOBAL talent trends: the reinvention of company culture. LinkedIn, 18 jan. 2022. Disponível em: https://business.linkedin.com/talent-solutions/global-talent-trends. Acesso em: 5 set. 2022.

- Aumenta o poder de decisão;
- Contribui para a definição de metas mais inteligentes;
- Colabora para uma melhor administração do tempo;
- Diminui a ansiedade nas relações de trabalho;
- Estimula o aumento da produtividade;
- Gera mais responsabilidade e comprometimento das pessoas;
- Melhora as relações entre colegas e líderes;
- Promove o equilíbrio emocional diante de situações estressantes e desafiadoras.

Entre todos os benefícios que se tem colhido com a prática da inteligência emocional, o grande ganho está no fato de que ela aumenta significativamente a produtividade e melhora os resultados das empresas, além de gerar um impacto positivo e decisivo no clima organizacional, na cultura e no rendimento, tanto de cada profissional individualmente quanto das equipes como um todo.

De acordo com um estudo no Google chamado de Projeto Oxigênio, a inteligência emocional tem sido considerada muito mais importante para o sucesso de um líder do que as suas habilidades técnicas.[35] Investir em seu desenvolvimento ajuda indivíduos e equipes a serem mais bem-sucedidos.

Os pilares da inteligência emocional

Segundo Daniel Goleman, a inteligência emocional plena e prática só é alcançada quando o indivíduo consegue equilibrar os lados racional

---

[35] HARRELL, M.; BARBATO, L. Great managers still matter: the evolution of Google's Project Oxygen. **re:Work**. 27 fev. 2018. Disponível em: https://rework.withgoogle.com/blog/the-evolution-of-project-oxygen/. Acesso em: 19 set. 2022.

e emocional, ou seja, quando consegue equilibrar as atuações de seus dois hemisférios cerebrais. A partir dos seus estudos, Goleman elencou elementos que definem a inteligência emocional e levam a esse equilíbrio. São eles:

➡ **Autoconsciência** – É a habilidade de reconhecer e entender nossas próprias emoções, além de nos tornarmos conscientes de como nossos sentimentos podem nos dominar. É conhecer nossos pontos fortes e fracos para podermos trabalhar adequadamente cada um deles e ter melhor desempenho. É a capacidade de reconhecer a importância de dar uma olhada honesta em nós mesmos e corrigir eventuais desvios de caminho.
Pessoas com alta inteligência emocional costumam ser bastante conscientes a respeito de si mesmas. São mais confiantes porque sabem que têm boa intuição e que não deixam suas emoções saírem do controle.

➡ **Autorregulação** – É a nossa capacidade de controlar emoções e impulsos, evitando decisões impensadas e descuidadas. Em essência, é o "pensar antes de agir".
Pessoas que se autorregulam são menos afetadas por emoções negativas, como raiva descontrolada ou ciúme doentio. Também costumam ter mais consideração pelos outros, não sofrem tanto com as mudanças, são íntegras e sabem dizer "não" nos momentos certos.

➡ **Motivação interna** – É a capacidade de nos mantermos motivados mesmo diante das adversidades e de estarmos dispostos a adiar conscientemente resultados em função de construir o sucesso em longo prazo quando isso nos convém e nos favorece. Pessoas com ótimo grau de motivação são mais produtivas e gostam de enfrentar desafios. A motivação interna ajuda a recuperar nossas forças mais rapidamente para continuarmos firme em busca dos nossos propósitos.

- **Empatia** – É a capacidade de identificar e entender os desejos, as necessidades e os pontos de vista das pessoas ao nosso redor e procurar agir em sintonia com o que é melhor para todos. Pessoas empáticas têm a capacidade de reconhecer os sentimentos e as emoções dos outros, mesmo quando eles não são tão óbvios. São excelentes em gerenciar relacionamentos, praticam a escuta ativa e são cuidadosas ao interagirem com as pessoas. Evitam julgar quem quer que seja e vivem de maneira aberta e honesta. É preciso estar aberto ao fato de que não devemos nos colocar como donos da verdade, mas sim levar em consideração os sentimentos alheios. Pessoas empáticas são mais compreensivas e conseguem estabelecer relações de melhor qualidade. Explicando de maneira mais simples, podemos dizer que a empatia é a nossa habilidade de nos colocarmos no lugar dos outros e avaliar e compreender qualquer que seja a situação sob as mais variadas perspectivas.
- **Habilidades sociais e relacionais** – É a capacidade de ter bons relacionamentos interpessoais. Nesta categoria estão as habilidades que usamos para interagir uns com os outros. Incluem expressões verbais e não verbais, gestos, linguagem corporal, aparência pessoal e a forma como nos apresentamos diante das pessoas. Quanto mais habilidades sociais e relacionais temos, maior é a nossa capacidade de comunicação e de construir e manter conexões saudáveis.

Pessoas com boas habilidades sociais e relacionais são excelentes nos trabalhos em equipe, têm postura e conversas fáceis e agradáveis, de modo que se torna prazeroso estar em sua presença. Elas cuidam bem do próprio sucesso e ajudam os outros a também se desenvolverem e brilharem. São excelentes comunicadores e mestres em construir e manter boas relações.

Sugestões práticas para ter mais inteligência emocional

Desenvolver a inteligência emocional segue o mesmo caminho a ser adotado para o desenvolvimento de qualquer habilidade. Ou seja, é preciso tomar consciência do ponto em que nos encontramos em relação a ela, decidir melhorar o nosso nível de conhecimento e uso dessa capacidade e, muito importante, partir para sua prática diária.

Comece hoje mesmo a empregar as seguintes ações, que o levarão a desenvolver e a consolidar as suas habilidades de inteligência emocional:

➥ Desacelere o seu ritmo por alguns instantes, tome consciência da sua própria presença. Preste atenção em suas emoções e aprenda com elas. Cuide um pouco de si mesmo;

➥ Pratique maneiras de diminuir os sentimentos negativos acumulados. Medite, caminhe, ore, conecte-se com a natureza. Dê um tempo para si mesmo, procurando olhar para as coisas boas da sua vida, e agradeça por elas;

➥ Procure expressar as suas emoções. Assim você pode tomar consciência do que pode estar te incomodando e ficará mais fácil de resolver. Converse com pessoas de sua confiança ou, se preferir, busque a ajuda de profissionais especializados para trabalhar suas emoções;

➥ Pare regularmente, volte o olhar para dentro de si e observe como estão as suas ações e reações enquanto se relaciona com outras pessoas. Avalie e veja onde você pode melhorar;

➥ Seja paciente consigo mesmo durante o processo de desenvolvimento da sua inteligência emocional. Entenda que tudo leva tempo e exige empenho para se desenvolver. Dê um passo de cada vez, mas siga em frente.

Aprenda a confiar mais em si mesmo, não tenha receio dos sentimentos e das emoções que ainda o incomodam. Não desanime. Para tudo há solução.

Lembre-se: tornar-se um *empreendedor obstinado com domínio da inteligência emocional* é adotar uma postura e estratégias próprias de quem pretende se tornar um profissional brilhante e construir uma carreira de muito sucesso.

9

Ser um obstinado com habilidades sociais e relacionais desenvolvidas

As habilidades sociais nos permitem nos conectar e interagir com as pessoas ao nosso redor, expressando nossos desejos e opiniões sem causar mal-estar. Isso exige boa capacidade de comunicação, que saibamos vivenciar, enfrentar e reagir bem às situações, sentir e expressar emoções, sentimentos e opiniões, e determina o quanto seremos bem-sucedidos na vida pessoal e profissional.

Como seres humanos, possuímos a aptidão de desenvolver e criar relações únicas com outras pessoas. As habilidades sociais e relacionais são as ferramentas que temos para que essas relações sejam agradáveis e produtivas, e também têm a ver com o modo como nos inserimos no mundo. Elas abrangem tanto as expressões verbais quanto as não verbais, como gestos, linguagem corporal, aparência pessoal e a forma como nos mostramos às pessoas.

Ter habilidades sociais e relacionais desenvolvidas e adequadas é dominar um conjunto de requisitos que facilitam a nossa convivência com as pessoas e nos possibilitam nos manifestar de maneira natural, assertiva e harmoniosa. Isso inclui uma série de comportamentos que visam ao gerenciamento adequado de nossas interações para que possamos participar com segurança de uma conversa, sabendo iniciá-la e/ou terminá-la, expressar adequadamente o que queremos e compreender o que os outros têm a nos dizer.

Entre essas habilidades podemos incluir diversas maneiras pelas quais nos expressamos e transmitimos uma mensagem: comunicações escrita, verbal e visual, a linguagem usada, tom e volume de voz, gestos e posturas físicas, expressões faciais, contato visual e linguagem corporal de modo geral. Também estão incluídas nesse rol de capacidades a nossa forma de agir em um grupo ou em uma conversação, de tal maneira que expressemos firmeza no que falamos, sintamo-nos à vontade para dizer "não" quando necessário, consigamos expressar emoções positivas ou negativas e defender nossos direitos sem nos tornamos agressivos ou provocarmos tensões nos relacionamentos.

A sociabilidade e o domínio da comunicação são duas das principais soft skills, e para serem plenamente desenvolvidas precisam se apoiar em um bom conhecimento e uma boa prática da inteligência emocional.

Ser um obstinado com boas habilidades sociais

Um empreendedor obstinado tem tendência a ir diretamente aos seus objetivos, focar no que deseja realizar e colocar toda a energia necessária para fazer as coisas acontecerem. Porém, se esse comportamento não for bem elaborado pode levar a um descuido no trato com as pessoas envolvidas. É nesse ponto que se torna fundamental associar a obstinação aos cuidados quanto às interações sociais. Um empreendedor obstinado deve, além de colocar vigor em seus propósitos, desenvolver um sólido conjunto de habilidades sociais e relacionais.

Ser um obstinado com habilidades sociais e relacionais desenvolvidas

É bastante claro para a maioria das pessoas que não é possível ir muito longe na vida profissional e empreendedora sem cultivar fortes e saudáveis relacionamentos interpessoais. Concentrar-se nessas relações contribui para que nossos objetivos sejam atingidos mais rapidamente e de maneira mais justa para todos. Habilidades sociais e relacionais bem-afinadas e adequadas têm o poder de ampliar nossa felicidade e satisfação e nos dá uma visão melhor de vida e das possibilidades de construir um sucesso sólido e duradouro.

Como disse Daniel Goleman, nossas habilidades sociais e relacionais afetam tudo, desde o nosso desempenho profissional até a nossa vida romântica. Quando elas são bem desenvolvidas, temos mais e melhores relacionamentos, melhor comunicação, maior eficiência e avanço nos negócios e, como resultado geral, mais sucesso e prazer.

Tais habilidades são uma importante variável nas equações que definem nossa real capacidade de sermos bem-sucedidos, tanto pessoal quanto profissionalmente, afinal, nossas conquistas dependem e sempre dependerão dos resultados que conseguirmos das pessoas em nossas relações.

Fortalecer e aprimorar as habilidades sociais e relacionais ajuda a nos destacarmos em nossa vida pessoal e a termos melhor desempenho em nossos empreendimentos e na expansão das nossas redes profissional e empresarial. Indiferentemente de qual seja seu trabalho ou ramo de atividades, essas competências serão sempre o fiel da balança, o fator decisivo, aquilo que fará a diferença entre obter o êxito ou amargar um fracasso.

É exatamente nesse contexto que percebemos a extrema importância para um empresário, um profissional ou um empreendedor ser um obstinado e se tornar um excelente conhecedor e praticante dos princípios que regem as habilidades sociais.

Comunicar-se direta, objetiva e cordialmente com clientes e trabalhar harmonicamente em equipe ou com outros parceiros que fazem parte da nossa estrutura de negócios exige manter nossas emoções sob controle, em especial em situações estressantes ou em que existam conflitos. Essas são algumas das situações em que as habilidades sociais e relacionais se tornam particularmente necessárias e bem-vindas.

Se você trabalha em equipe, precisa ser capaz de se dar bem com seus colegas para conseguir os melhores resultados a partir do esforço conjunto. Se atende clientes, deve ouvir atentamente suas perguntas e preocupações e fazê-los se sentirem importantes. Se você é um gerente, deve se relacionar com seus funcionários de modo a mantê-los ativos e motivados da maneira certa. Se é um grande empresário, precisa ter jogo de cintura e facilidade de transitar nos ambientes em que as decisões realmente importantes acontecem. Tudo isso precisa ter como base um conjunto de habilidades sociais e relacionais bem desenvolvidas.

Características das habilidades sociais e relacionais

Muita gente acha que quem tem bom domínio de habilidades sociais e relacionais são pessoas que entendem de tudo que existe no mundo sobre interações e negociações e que podem responder a todas as perguntas mais difíceis que lhe sejam feitas. No entanto, quem possui essas habilidades são, na realidade, indivíduos que dominam certas características de comportamento e de relacionamento que são próprias das pessoas psicologicamente inteligentes ou emocionalmente inteligentes.

Ser um obstinado com habilidades sociais e relacionais desenvolvidas

Vamos falar um pouco sobre algumas dessas características para que você possa se situar quanto a esse quesito e formar referências para também desenvolver suas próprias habilidades nessa área.

Quem tem boas habilidades sociais e relacionais tem *grande capacidade de adaptação*. Essa é uma de suas características mais relevantes. São pessoas bastante flexíveis e capazes de se ajustar às diversas situações em seu ambiente e que não limitam sua ação em função das dificuldades no meio social. Elas mudam seu comportamento para se adequar às novas condições do ambiente sem que precisem abrir mão de seus valores e de seus objetivos.

Providas de *um alto nível de curiosidade*, pessoas habilmente sociais costumam sempre buscar por inovações, novidades e coisas que ainda não conhecem, procurando aprender. A partir da curiosidade, elas se tornam profissionais proativos e tentam encontrar coisas extraordinárias que possam ser úteis no dia a dia ou mesmo para o seu futuro.

Pessoas com habilidades sociais e relacionais têm *o hábito de perguntar muito*. Estão sempre atrás de respostas para as mais diversas situações e desafios que enfrentam, por isso não temem fazer perguntas. Elas não receiam parecer ignorantes porque sabem que há muito a aprender e que o aprendizado é o que as levará ao sucesso.

Profissionais com tais habilidades bem estruturadas não acreditam pura e simplesmente no que os outros dizem. Elas têm o *hábito de duvidar*, não creem facilmente em informações incertas nem baseiam suas decisões e suas interações em fatos dos quais não têm certeza. Como têm o hábito de buscar respostas satisfatórias e confiáveis para tudo o que acontece, sempre investigam os fatos antes de acreditarem em algo.

Perceba que sua melhor estratégia neste momento, à medida que vou apresentando as diversas características de quem tem boas habilidades sociais e relacionais, é se autoavaliar, é perguntar a si mesmo como você está em relação a cada uma delas. Aproveite a oportunidade para começar a delinear os principais pontos em que você pode investir seu tempo e energia para se tornar um profissional com resultados exponenciais.

Quem tem boas habilidades sociais e relacionais tem *a humildade de dizer "não sei".* Elas não se melindram em seus relacionamentos nem tentam mostrar algo que elas não são. Sendo assim, não têm medo de dizer que não sabem algo quando esse for o caso. Em geral, reconhecem suas fraquezas ou sua ignorância sobre determinados assuntos, não se envergonham de perguntar e usam essa busca pelo conhecimento como uma ferramenta para estimular seu crescimento pessoal e profissional.

Profissionais socialmente hábeis são pessoas que têm *tranquilidade para admitir seus erros.* Eles têm coragem de fazer coisas novas sem medo de errar porque não se envergonham caso isso aconteça. Suas falhas não os impedem de continuar tentando algo novo e *são capazes de aprender com cada erro.* Sua coragem de tentar coisas novas os faz experimentar vários fracassos, mas isso não os faz desistir. As falhas se tornam lições, que eles aproveitam para se tornarem melhores do que antes e construir com segurança seu caminho para a vitória.

Quem é socialmente hábil tem *grande capacidade de aprendizado,* pois tem a mente aberta para viver, analisar e aprender com toda situação que se apresente em seu dia a dia. Pessoas com essa capacidade não fogem das novas ideias e oportunidades que estão ao seu redor, são receptivas a novidades e desafios, e aceitam e consideram as opiniões dos outros com respeito e análise imparcial.

Pessoas com boas habilidades sociais e relacionais têm *bom senso na comunicação* e não saem falando sobre o que não sabem ou não têm certeza. Procuram analisar cada situação antes de falar sobre ela e buscam ter certeza de que o que dirão é verdadeiro, benéfico e não prejudicará os outros. Elas também sabem quando é o momento certo para falar sobre cada assunto.

O fato de ter *autocontrole apurado* dá à pessoa com essas habilidades uma capacidade que lhe permite ponderar com total objetividade as variáveis envolvidas em cada situação que ela vive. Pessoas assim têm facilidade de planejar e definir metas para promover soluções e estratégias, mesmo envolvendo diversas pessoas no processo.

Podemos ainda mencionar aqui que são pessoas que têm *grande capacidade criativa*. Elas gostam de unir conceitos que não parecem conectados, são capazes de enxergar coisas que os outros não conseguem ver, assim como soluções que poucos poderiam imaginar. É essa criatividade que as torna especiais entre os participantes dos grupos de trabalho de que fazem parte.

Mais uma vez, pare por alguns instantes e se pergunte como você está com relação aos pontos levantados. Você enxerga em si mesmo as qualidades que uma pessoa com habilidades sociais e relacionais tem e coloca em prática? Como você se vê depois de avaliar essas características? O que você vai fazer a respeito disso? Faça essa autoanálise e veja que caminhos você pode seguir.

Dando sequência ao nosso raciocínio, até aqui falamos de características que definem as pessoas com boas habilidades sociais. A seguir vou listar alguns atributos que são inerentes ao próprio conceito de habilidades sociais e relacionais. Acompanhe:

➤ Essas habilidades são direcionadas a objetivos. Quanto mais direcionados e bem definidos os propósitos de uma ação ou planejamento, mais eficaz se mostra o uso delas;
➤ Os comportamentos socialmente habilidosos estão inter-relacionados. Logo, uma pessoa pode usar mais de um tipo de comportamento ao mesmo tempo para buscar um objetivo;

- As habilidades sociais e relacionais devem ser adequadas à situação de comunicação. São necessárias diferentes capacidades para objetivos relacionados a uma comunicação profissional e a um relacionamento pessoal;
- Tais habilidades, quando identificadas com certos tipos de comportamentos, podem servir como indicadores do quão socialmente habilidosa uma pessoa é;
- As habilidades sociais e relacionais devem estar sob o controle intelectual do indivíduo, sendo sua responsabilidade aprender quando usar cada uma delas;
- Essas capacidades podem ser ensinadas e aprendidas.

Habilidades sociais e relacionais podem ser aprendidas

Quando uma pessoa é capaz de realizar algo de modo bem feito dizemos que ela é habilidosa. Por trás dessa qualidade existem faculdades como inteligência, agilidade e destreza, que são parte das aptidões dessa pessoa. Em geral, existe também uma grande vontade de aprender, o que, com certeza, foi um dos principais motivos que a levaram a ser hábil. Ou seja, isso significa que podemos aprender habilidades que nos interessam e também podemos ensiná-las.

Considerando que habilidades sociais e relacionais são características de um indivíduo hábil em relacionamentos, podemos concluir que competências sociais podem ser ensinadas e aprendidas e, então, desenvolvidas e consolidadas por meio da prática e da experiência.

O processo de aprendizado de competências e habilidades sociais e relacionais é o mesmo usado para o desenvolvimento de

Ser um obstinado com habilidades sociais e relacionais desenvolvidas

qualquer outra aptidão que nos interessa e passa basicamente por alguns passos:

- Tome a decisão de aprender e desenvolver suas habilidades sociais;
- Tenha uma meta clara para o aprendizado;
- Procure as fontes de onde você poderá aprender;
- Invista em autoconhecimento;
- Esteja sempre disposto a ouvir e a aprender;
- Procure apoio especializado para aprimorar seu aprendizado;
- Pratique o que aprendeu;
- Ensine o que aprendeu. Quanto mais você ensina, mais aprende;
- Mantenha-se motivado a melhorar suas habilidades de relacionamentos.

Um empreendedor obstinado não terá dificuldades em se dedicar a aprender sobre habilidades e competências sociais, desenvolvê-las e consolidá-las na prática do dia a dia. A junção entre a obstinação e as habilidades sociais e relacionais o levará muito mais rapidamente à conquista do sucesso, além de lhe abrir inúmeras portas.

Desenvolver as habilidades interpessoais nos permite promover e fortalecer relações significativas e de qualidade em todos os setores da nossa vida – profissional, familiar ou tantos outros da nossa convivência diária. Independentemente da área em que trabalhamos ou do nosso nível de experiência, as habilidades sociais e relacionais são ferramentas que podem ajudar a elevar a nossa carreira profissional.

A pessoa hábil em relações interpessoais se comunica com as outras de maneira a gerar confiança na interação. A capacidade de nos comunicarmos de maneira assertiva facilita defendermos nossos pontos de vista para atingir nossos objetivos, porém sem prejudicar os outros.

De modo geral, a lista que segue ilustra como as boas habilidades sociais e relacionais podem beneficiar nossa carreira profissional e nossa vida como um todo.

➡ **Construir mais e melhores relacionamentos** – Desenvolver tais habilidades torna a pessoa mais carismática, mais colaborativa e com mais características desejáveis. Dessa maneira, ela se torna mais interessante e mais bem aceita em suas interações. Além dos ganhos nas relações pessoais, essa condição facilita o trabalho em equipe, o que amplia as possibilidades e perspectivas profissionais da pessoa.

➡ **Proporcionar melhor resultado na comunicação** – As habilidades sociais e relacionais facilitam o trabalho em grupo, ajudando a desenvolver ainda mais as habilidades de comunicação que, por sua vez, torna a pessoa capaz de transmitir com clareza e objetividade seus pensamentos e ideias, configurando esta como uma das habilidades mais importantes que se pode desenvolver na vida.

Ter boa comunicação permite que a pessoa compartilhe e defenda de maneira mais eficaz sua perspectiva sobre o que se esteja discutindo. Uma comunicabilidade eficaz também ajuda no trato com clientes, empregadores, colegas de trabalho, sócios, investidores e tantos outros elementos fundamentais para o sucesso profissional e empreendedor.

➡ **Obter maior eficiência nas interações em grupo** Participar de grupos de pessoas diversos, tanto na vida pessoal como na profissional, permite que a pessoa receba mais e melhores feedbacks e obtenha referências valiosas das pessoas com quem convive. Isso lhe permite aperfeiçoar os próprios relacionamentos, além de promover maior desenvolvimento de suas habilidades sociais.

Outro ponto interessante é que com o desenvolvimento dessa habilidade o indivíduo passa a ter melhores condições de selecionar os grupos de que quer participar e as pessoas com quem quer se relacionar e conviver, o que torna mais produtivos e mais gratificantes seus encontros e reuniões.

➡ **Avançar nas perspectivas de carreira** – Os cargos mais valiosos e mais bem pagos geralmente envolvem a necessidade de passar bastante tempo interagindo com funcionários, colegas, gerentes, clientes, fornecedores e outros parceiros e colaboradores. Isso exige um bom desenvolvimento das habilidades sociais e relacionais e, em especial, as de comunicação.

Atualmente, a maioria das organizações procura por profissionais com a capacidade de trabalhar bem em equipe e influenciar e motivar as pessoas a fazerem o que precisa ser feito com qualidade e dedicação. É pouco provável que um indivíduo que permaneça isolado em seu escritório se destaque a ponto de ser escolhido para liderar pessoas em cargos cada vez maiores.

As habilidades sociais e relacionais ainda ajudam a pessoa a expandir suas redes profissional e de contatos, mantendo-a atualizada sobre inovações e novas oportunidades em sua área de atuação e no mercado em geral.

➡ **Obter maior felicidade geral** – Conviver bem e entender as pessoas, além de ajudar a abrir muitas portas pessoais e profissionais, torna qualquer ambiente muito mais agradável. Ter confiança para iniciar uma conversa e conduzi-la com tranquilidade e objetividade, seja em uma reunião relacionada ao trabalho, seja em um encontro pessoal, traz uma satisfação incomparável e pode levar a oportunidades de novos empregos, salários mais altos e promoções na empresa. Em uma situação social podem surgir novas amizades e mesmo relacionamentos mais próximos e duradouros. Além de todas as possibilidades que uma boa comunicação oferece, o convívio prazeroso decorrente dessa habilidade proporciona muito mais felicidade e prazer de viver.

As habilidades sociais e relacionais mais relevantes

Entre essas habilidades, existem algumas em especial que devem ser desenvolvidas e aprimoradas por quem busca o sucesso pessoal ou profissional. Vou destacá-las aqui com mais ênfase. Elas são essenciais para o arsenal de ferramentas que todo empreendedor obstinado deve ter. Mantenha essas habilidades em foco e fique atento às oportunidades que surgirem para desenvolver e treinar cada uma delas.

Capacidade de gerir bem os relacionamentos – A capacidade de promover, manter, melhorar e fortalecer os relacionamentos é primordial em todos os aspectos das interações humanas em qualquer ambiente. Profissionalmente, essa é uma habilidade social importante em todos os níveis empresariais e empreendedores, uma vez que por trás de toda atividade existem pessoas com quem precisamos lidar e criar vínculos sólidos, saudáveis e produtivos. Especialmente importantes são os relacionamentos próprios de posições que exigem trabalho direto com os clientes e os que envolvem investidores, gerentes e líderes de equipes na empresa.

Disposição para cooperar – É preciso ter capacidade de trabalhar bem com os outros em direção a um objetivo comum. A disposição

Ser um obstinado com habilidades sociais e relacionais desenvolvidas

para a cooperação é particularmente importante para o sucesso de trabalhos em equipe e em projetos específicos que exijam a participação de um grupo de pessoas.

Facilidade de comunicação verbal e escrita – Tanto a comunicação verbal quanto a escrita são muito importantes nos relacionamentos. É preciso ter em mente que "nem sempre o que dizemos (ou escrevemos) é o que a outra pessoa entende". Desse modo, nossa comunicação deve ser objeto de bastante cuidado, sempre muito bem elaborada e com clareza total. Uma linguagem verbal simples e objetiva, bem como uma escrita clara, concisa e ordenada são fundamentais para garantir o entendimento do que se quer dizer.

Poder de observação – Devemos desenvolver a capacidade de prestar atenção ao que está acontecendo no mundo e na vida das pessoas ao nosso redor e, assim, colher informações úteis ao aprimoramento das nossas relações. Uma prática interessante e produtiva é nos colocarmos à margem do grupo e observar como os outros se comportam em certas situações. Dessa maneira podemos entender melhor a dinâmica do grupo, sua mentalidade, as interações entre as pessoas, a comunicação não verbal e, ainda, compreender de maneira mais próxima a personalidade dos colegas.

Praticar a escuta ativa – Tem a ver com a nossa aptidão de prestar atenção legítima a uma pessoa quando ela está se comunicando, mostrando respeito por ela e pelo que está dizendo, fazendo-nos presentes e participativos, mas sem interrompê-la e sem perder o foco no que está sendo dito. Um ouvinte ativo presta muita atenção quando os outros falam, evita distrações durante a comunicação, concentra-se no orador e demonstra que está entendendo o que ele está dizendo. Também adota uma linguagem corporal que expressa claramente seu interesse, sua preocupação e seu apreço pela pessoa e pelo assunto que está sendo apresentado.

Técnica do espelhamento – Espelhar é o ato de copiar a linguagem corporal e as emoções da pessoa com quem se está falando para fazê-la sentir-se confortável e compreendida. Por meio dessa técnica cria-se uma espécie de cumplicidade entre locutor e ouvinte que pode ajudar a construir um relacionamento mais consistente e a promover acordos entre as pessoas com maior frequência e qualidade. O espelhamento é muito útil em atividades de vendas, pois ajuda a quebrar possíveis objeções do cliente.

Prática na resolução de conflitos – Ser bom em resolver divergências é ter a capacidade de ver um problema da forma como ele realmente é, sem fantasiar ou complicar, e ajudar a conceber uma solução viável para ele. Por exemplo, se houver uma divergência entre colegas de trabalho, é preciso se concentrar nas causas dela e trabalhar para resolvê-la. Quem se propõe a resolver conflitos jamais deve se envolver no problema em si ou em discussões por conta de opiniões diferentes sobre o assunto. Ajudar a resolver conflitos em que outras pessoas estejam envolvidas exige clareza, objetividade e imparcialidade. É muito importante levar a solução e não se tornar parte do problema.

Uso da empatia – É importante desenvolver a capacidade de identificar e entender como a outra pessoa se sente em dada situação. A habilidade de exercer a empatia ajuda a construir melhores relacionamentos. É importante frisar que expressar empatia requer uma ação consciente e deve levar em total consideração os sentimentos dos outros.

Utilização da inteligência emocional – Uso da capacidade do ser humano de lidar com seu lado emocional. Torna possível reconhecer suas próprias emoções e as dos outros, e usar essas informações para orientar o próprio comportamento.

Superando dificuldades de relacionamentos

Nós, seres humanos, somos criaturas sociáveis e desenvolvemos diversas maneiras de comunicar aos outros nossas mensagens, pensamentos e sentimentos. É a partir dessa comunicação que criamos interações que podem nos ajudar a alcançar nossos objetivos.

Porém, algumas vezes a insegurança compromete a nossa capacidade de nos relacionarmos com as pessoas. Sentimentos de não estarmos à altura de determinada relação, de não pertencermos ao grupo, de não estarmos agindo certo, ou seja, emoções geralmente relacionadas ao sentimento de inferioridade, limitam nossa forma de interagir com as pessoas. Sem contar que alguém obstinado costuma sair dos padrões de comportamento da maioria. A obstinação exige dedicação ímpar aos objetivos, o que pode levar a pessoa a se afastar de algumas pessoas que fazem parte da sua vida.

Muitas vezes, o obstinado tem pouco tempo para a família – uma situação que ele não deve permitir que seja tão frequente a ponto de prejudicar seus relacionamentos. Ele se afasta dos parentes e comparece pouco às reuniões de família, pois seu empenho aos seus objetivos o mantém muito ocupado. Os amigos se afastam, porque o ritmo e a rotina dele normalmente não são os mesmos da turma dos encontros aos finais de semana. Essa pouca presença em atividades de lazer – mesmo em ocasiões que assim exigem – é notada e cobrada pelas pessoas mais próximas.

Da mesma forma, o ritmo de um obstinado – e muito do seu sentimento de urgência para chegar aos seus objetivos – várias vezes se torna incompatível com seus possíveis sócios e investidores e precisa ser bem negociado, assim como sua energia e seu empenho podem não ser acompanhados por seus colaboradores e sua dinâmica de ação não encontrar respaldo em seus fornecedores.

Enfim, essas são algumas das dificuldades reais que o obstinado pode encontrar em seu caminho e que ele precisa resolver com assertividade, elegância e diplomacia. Isso mostra, mais uma vez, que ser obstinado exige habilidades sociais e relacionais bem desenvolvidas para lidar com situações como as citadas e resolvê-las a contento, sem deixar que seu vigor e sua determinação sejam reduzidas.

É exatamente devido a casos como esses que é importante investir energia e tempo no aprimoramento das nossas habilidades sociais para estarmos aptos a criar ambientes emocionalmente estáveis, tranquilos e agradáveis, onde podemos nos relacionar com pessoas que nos são importantes, recuperar as nossas forças e, então, voltar a nos concentrar em nossos propósitos, como um autêntico obstinado deve fazer.

Ter boas habilidades de comunicação nos dá segurança para transitar e funcionar em grupos de pessoas que são fundamentais na nossa vida social e profissional, que podem potencializar nosso sucesso e nossa felicidade.

Vale recordar aqui que precisamos sempre nos lembrar de que o que dizemos chega às outras pessoas realçado tanto pela linguagem verbal quanto pela forma como a utilizamos: tom e volume de voz e as palavras que escolhemos. Também faz diferença o uso de mensagens mais sutis, como a linguagem corporal – gestos e expressões faciais – e outros detalhes que podem deixar claro o que estamos transmitindo e até mesmo definir os rumos das relações.

Ser um obstinado com habilidades sociais e relacionais desenvolvidas

Isso significa que em comunicação tudo exige um cuidado extremo para que possamos manter bons relacionamentos.

As habilidades sociais e relacionais bem desenvolvidas nos permitem iniciar, conduzir, manter e encerrar conversas de tal maneira que podemos transmitir o que nos interessa, com as emoções adequadas, criando um forte vínculo de pertencimento ao grupo, quando antes existia até um sentimento de exclusão.

Uma boa gestão das habilidades sociais

Gerir as nossas habilidades sociais e relacionais é essencial para termos a certeza de que: somos capazes de estabelecer uma comunicação fluida e objetiva, sabemos o que dizer e como fazê-lo em qualquer situação, estamos aptos a ouvir ativamente as pessoas, somos empáticos, preocupamo-nos menos com nossos pensamentos de inadequação e nossas emoções negativas, conseguimos focar em como podemos ajudar os outros.

A boa gestão de tais habilidades leva-nos a desenvolver relacionamentos melhores e mais satisfatórios, com vantagens para todas as partes envolvidas. Com ela aprendemos a nos preservar em nossas interações, a expressar nosso ponto de vista com confiança, a decidir considerando o bem dos outros sem deixar de priorizar os nossos interesses. Isso tudo nos leva a uma satisfação e a uma segurança emocional que têm impacto bastante positivo em nossa autoestima e em nossos resultados.

Um perfeito gerenciamento dessas habilidades também diz respeito a aprendermos a pedir o que precisamos em vez de esperar passivamente que os outros adivinhem e nos deem o que queremos. Isso nos dá maior controle nos relacionamentos e nos torna mais aptos a obter o que precisamos. Antecipar aos outros o que nos é

Seja um fodido obstinado

prioridade nos traz emoções ligadas ao poder, ao controle e ao sucesso, mas não deve haver arrogância, prepotência ou desmerecimento das pessoas ao nosso redor.

Desenvolver e gerir nossas habilidades sociais e relacionais é estarmos cientes de como nos comunicamos, das mensagens que enviamos e como nossos métodos de comunicação podem ser melhorados para nos relacionarmos de modo mais eficiente e eficaz, de tal maneira que, além de ficar focados em nossos objetivos, podemos criar um sentimento de proximidade no grupo, gerando uma união que beneficiará a todos.

Ter boas habilidades de comunicação nos dá segurança para transitar e funcionar em grupos de pessoas que são fundamentais na nossa vida social e profissional, que podem potencializar nosso sucesso e nossa felicidade.

10

Ser um obstinado com diferenciais exclusivos

Dentre as tantas habilidades sociais, de comunicação e de relacionamentos importantes para o sucesso de um empresário, reuni na sequência mais uma série delas, que considero especialmente significativas como diferenciais exclusivos dos empreendedores obstinados de maior resultado. Investir e desenvolver cada uma delas deixará você muito mais perto de se tornar um milionário.

Ser um obstinado com grande capacidade de fazer alianças

Estabelecer alianças estratégicas é parte vital de um processo de organização e manutenção de colaboração entre diferentes parceiros que estejam em busca de um mesmo objetivo ou, pelo menos, de objetivos complementares e compatíveis entre si.

Essas parcerias podem ser realizadas com outras empresas, com universidades, organizações de pesquisa e tecnologia ou entre diversos profissionais e empreendedores com atividades afins e complementares com as do empreendedor que procura por parceiros para fortalecer e viabilizar seus planos e ações de negócios. Os princípios dessas alianças dependem mais da confiança entre as partes do que propriamente de contratos legais, embora, na prática, eles também sejam usados para estabelecer os parâmetros das parcerias.

Fazer boas alianças não só ajuda a construir o sucesso como também contribui para perpetuá-lo e expandi-lo. Assim como ninguém realiza coisa alguma sozinho, nenhum empreendedor chega ao êxito pleno sem ter fortes aliados, colaboradores e parceiros.

Para construir o sucesso precisamos considerar a importância de fazer alianças fortes e produtivas, com bons profissionais e empresas idôneas e bem-sucedidas. É preciso ser obstinado, ter capacidade de tecer relacionamentos e estabelecer parcerias boas e de valor.

Cada aliança pode ser vista como um empreendimento conjunto, em que duas ou mais pessoas ou empresas trabalham juntas para alcançar um objetivo comum ou para realizar um projeto específico e benéfico a ambos os lados. Nesse intuito, elas compartilham recursos e estratégias, mesmo que permaneçam independentes entre si.

É importante ter em mente que tais alianças somente funcionam quando os profissionais, os parceiros ou as empresas envolvidas trabalham juntos para criar uma situação em que todos ganham. Nenhum resultado positivo para um dos parceiros pode depender de um eventual prejuízo para os demais.

Quando um profissional obstinado e com habilidade de construir boas parcerias atua, a sua ideia é somar forças de modo que seja possível ajudar a todos a evoluírem, a compartilharem conhecimentos, a reunirem recursos e a agregarem lucro aos seus negócios, com cooperação mútua e crescimento para todos. As alianças estratégicas tornam possível que empresas e empreendedores individuais atinjam vantagens competitivas que não estariam ao seu alcance se atuassem sozinhos.

Uma aliança planejada precisa ter como objetivo fortalecer os negócios, viabilizando ações que foquem no benefício final dos clientes.

Ser um obstinado com diferenciais exclusivos

As empresas têm inovado em estratégias que gerem vantagens a eles, na permanente busca de fidelizar seus clientes e aumentar suas participações de mercado. Em função disso, muitas vezes são concebidos e concretizados acordos entre empresas que não são necessariamente do mesmo setor, mas que compartilham um segmento comum a todas e que pode ser fomentado para alavancar os resultados dos envolvidos, direta ou indiretamente.

As razões para se estabelecer alianças são as mais diversas possíveis: para expandir os negócios para um novo mercado, para melhorar a linha de produtos, para desenvolver uma vantagem sobre um concorrente etc. As empresas podem se unir em uma estratégia que atenda a todas, desde que entre elas se estabeleça um acordo claro e objetivo nesse sentido.

Um bom acordo permite que duas ou mais empresas trabalhem em direção a um objetivo comum, que beneficiará a todas, uma vez que o esperado é produzir resultados satisfatórios para cada uma das partes. Sendo assim, boas alianças são bem-vindas nos mais diferentes propósitos:

- Acessar um novo mercado;
- Associar inventores para estimular a inovação;
- Atualizar ou melhorar a tecnologia utilizada nos processos de produção;
- Contato mais direto com os clientes;
- Desenvolvimento de novos produtos ou serviços;
- Minimizar os riscos de um investimento;
- Novos canais de distribuição;
- Operações mais rápidas;
- Pesquisas e desenvolvimento;
- Transferência de know-how.

Um empreendedor obstinado se destaca ainda mais a partir do momento em que se aprimora na arte de fazer boas alianças. Afinal, associações estratégicas são altamente recomendadas já que com elas se obtém uma excelente sinergia com base na combinação do melhor dos envolvidos – empresas, profissionais, empreendedores etc.

São muitos os resultados visíveis que podem ser obtidos a partir de uma aliança estratégica bem estruturada. É possível conseguir vantagens associadas ao produto ou serviço final, ao preço, à qualidade, ao atendimento, ao crédito ao consumidor, ao desenvolvimento de designs, ao fortalecimento da imagem, à obtenção de informações sobre táticas mais competitivas, entre tantas outras.

Grande parte do sucesso de um empresário vem da sua obstinação e da sua habilidade em fazer boas alianças, que geram uma grande sinergia entre os parceiros, que, por sua vez, ajuda a alavancar os negócios, a criar soluções atuais para seus clientes, a entrar em novos mercados e a reunir conhecimentos e recursos valiosos.

Grandes empresas e negócios excepcionais são exemplos que gosto de ter como inspiração para o desenvolvimento dos meus negócios. Grande parte dessas organizações foram construídas apoiadas em parcerias estratégicas e produtivas, que funcionaram de maneira excelente. As habilidades combinadas de cada um dos envolvidos se tornaram a base de uma receita para o sucesso.

Como exemplos de parcerias de sucesso posso citar: Bill Gates e Paul Allen, na Microsoft; Bill Hewlett e Dave Packard, na Hewlett Packard; Evan Williams e Biz Stone, no Twitter; Gordon Moore e Bob Noyce, na Intel; Jerry Yang e David Filo, no Yahoo!; Larry Page e Sergey Brin, no Google; Pierre Omidyar e Jeffrey Skoll, no eBay; e Steve Jobs e Steve Wozniak, na Apple.

Nem sempre o êxito de alianças entre profissionais e empresas ganha a dimensão de empresas como a Apple, o eBay e o Twitter, mas, sem dúvida alguma, são as boas parcerias que elevam os negócios de sucesso a uma categoria superior, independentemente de qual seja o tamanho do empreendimento.

Boas alianças podem aumentar o valor das empresas frente aos clientes e ao mercado em geral. Como exemplo cito empresas de bom nome no mercado que oferecem ou indicam os produtos ou serviços de outra empresa, sua parceira, à sua clientela e ao seu público. Uma vez que a empresa goza de boa reputação no mercado que ela atende, sua parceira passará a usufruir dessa credibilidade. Assim, se os clientes da empresa aliada confiam nela, também confiarão em terceiros que ela promover e recomendar.

Alianças estratégicas também podem proporcionar outros benefícios tangíveis, como apresentar a empresa aliada aos clientes ou expandir sua presença para outros canais de distribuição, que poderão acessar seu produto ou serviço. Uma aliança estratégica bem feita permite o compartilhamento de recursos e conhecimentos, resultando em uma junção do melhor que as empresas têm a oferecer. Também são abertos acessos a novos mercados, o que talvez não fosse possível a uma empresa sozinha.

Uma parceria bem estruturada e bem conduzida contribui para a melhoria da fabricação e da distribuição de produtos, permite que os parceiros aumentem sua capacidade produtiva e de atendimento e escalem de maneira rápida sua produção e recursos para atender à demanda dos novos negócios resultantes da parceria.

Boas alianças estratégicas também ajudam a fortalecer a fidelização dos clientes, diminuem ou racionalizam os custos, geram benefícios, melhoram a competitividade e estimulam a inovação. Obviamente, existem diferentes tipos de alianças, de acordo com aspectos do negócio que se deseja alavancar ou consolidar, mas todas elas têm o mesmo objetivo: fortalecer as empresas parceiras e criar novas oportunidades de negócios.

São vários os tipos de alianças estratégicas: as *voltadas para o marketing*, cujo objetivo é aumentar as vendas ou entrar em outros mercados sem precisar fazer novos investimentos ou incorrer em custos excessivos. Utilizar o sistema de distribuição de uma empresa parceira pode trazer muitos ganhos nesse sentido; as que *giram em torno de produtos*, ligando os compradores aos seus fornecedores, para melhorar a qualidade, reduzir os custos, agilizar as entregas e torná-las mais regulares; as voltadas *para o desenvolvimento de tecnologia e produtos*, minimizando riscos e custos; e as *sem fins lucrativos*, em que os envolvidos integram atividades filantrópicas e de cunho social em suas estratégias e operações, impactando positivamente sua identidade corporativa.

Essas alianças são uma ótima maneira de impulsionar empresas, semelhantes ou não, para atingirem objetivos comuns e se complementarem, em um relacionamento que contribui para melhorar a imagem e o posicionamento que tem cada parceiro.

Quando falamos de parcerias e alianças, tanto entre empresas como entre profissionais de modo independente, temos que lembrar que cada caso é um caso e precisa ser analisado com profundidade, para que se possa construir um relacionamento proveitoso para todos. É nesse aspecto que um empreendedor, profissional ou empresário, além de ser obstinado, precisa ter ou desenvolver a capacidade de realizar boas alianças.

Ser um obstinado com conexão com players maiores

Como um empreendedor obstinado, primeiramente é preciso desenvolver sua capacidade de criar conexões com pessoas que já têm sucesso comprovado. Depois é preciso se espelhar nessas pessoas, ou seja, reproduzir os comportamentos, as atitudes, o modo de ser e de pensar delas.

Converse com empreendedores que já tenham chegado ou ultrapassado as conquistas que você deseja ter em sua vida. Pergunte, escute o que eles têm a dizer, estude a excelência deles, aprenda sobre o mercado em que eles atuam, o público que atendem; domine esses fatores e perceba onde e como você pode alavancar o seu negócio e ter um diferencial importante.

Lembre-se de que você precisa estar cercado de pessoas que estão acima de você, tanto em termos de resultados como em conhecimentos. Existe um ditado que diz: "em uma reunião, se você é a pessoa mais conhecedora e experiente, então você está na reunião errada". Esse pensamento é bastante relevante para quem planeja expandir seus negócios, já que um dos segredos para crescer mais rápido e ter sucesso como empreendedor é tentar estabelecer conexões com players maiores e mais bem-sucedidos que nós, em quem possamos nos inspirar e com eles aprender.

Nesse sentido, observar as ações, as técnicas e as estratégias desses grandes players é um fator-chave para aprendermos a enxergar muito mais longe, considerando que eles são os profissionais que já conhecem o caminho que estamos trilhando e que já chegaram aonde queremos chegar.

São muitos os estudos que mostram que seres humanos aprendem por meio dos exemplos de outros indivíduos. Isso significa que existe valor e prática inteligente quando optamos por aprender copiando o comportamento de outras pessoas que estão mais adiantadas naquilo que também desejamos obter.

É importante entender que estamos falando de uma ação que deve ser construída em cima de dois pilares: modelar profissionais de sucesso e criar e manter conexões com os profissionais e empreendedores que estão acima de nós, que têm sucesso consolidado, que hoje são maiores do que nós. Assim, estaremos copiando os melhores.

Quanto a usar como exemplo tais pessoas, existem alguns pontos importantes que devem ser considerados para que a nossa conexão e o nosso aprendizado com bons players sejam realmente proveitosos. Desde a infância temos à nossa volta pessoas que admiramos e imitamos. Ao copiar essas pessoas, nossa vida é influenciada por elas de várias maneiras.

Cada uma delas, seja por suas qualidades, por seus valores, por suas conquistas ou pelo seu sucesso, trouxe uma contribuição para sermos o que somos hoje. A cada etapa, elas nos inspiraram a desenvolver e trazer para fora aquilo que tínhamos de melhor em nós. Todos os modelos que tivemos como referência ao longo da vida nos influenciaram na forma como vemos e atuamos no mundo. O fato de eles existirem em nossas vidas nos ajudou a descobrir nossos verdadeiros potenciais, assim como nos inspirou a buscar os meios para alcançar tudo aquilo que admiramos neles.

No mundo dos negócios, o valor de se construir e manter uma conexão com modelos de valor é inegável. Grandes players costumam ser aceleradores do nosso desenvolvimento profissional. Aprender com aqueles que já possuem o que desejamos é a forma mais saudável e eficaz de trabalhar rumo a realização dos nossos sonhos.

Toda pessoa bem-sucedida passou por muitos obstáculos, superou diversos reveses e aprendeu lições preciosas sobre o que leva ao topo do pódio. Imitá-las significa, principalmente, capacitar-se sobre as ferramentas do sucesso diretamente com as pessoas de maior autoridade no nosso ramo e, assim, encurtar a nossa trajetória para realizar nossos objetivos.

Na psicologia, copiar alguém significa mudar propositalmente um comportamento nosso tendo como referência os exemplos de outras

Ser um obstinado com diferenciais exclusivos

pessoas. A imitação é, por definição, uma técnica usada por quem tem mentalidade de crescimento e perfil de vencedor. Conectar-se a um player de sucesso e copiar suas ações, seu comportamento e até mesmo sua maneira de pensar nos permite eliminar etapas desnecessárias, pois aprendemos com suas experiências e com seus erros enquanto reproduzimos os passos que os levaram ao sucesso.

Se ainda lhe resta alguma dúvida sobre o valor da modelagem, procure lembrar-se dos benefícios que você obteve com os vários exemplos que seguiu ao longo da sua vida. Use isso como critério para escolher e se conectar com os players que têm as melhores experiências para você também ser o melhor. Tony Robbins disse: "Se quisermos modelar excelência, precisamos aprender a modelar as crenças daqueles que alcançaram excelência".[36]

Para fazer o melhor uso de suas habilidades de modelagem; escolha os melhores players para seguir. Estabeleça uma boa conexão com eles e aprenda o caminho mais rápido para o sucesso. Lembre-se que ninguém chega ao topo copiando um derrotado. Se você quer estar no topo, crie conexão com players maiores que você e que são comprovadamente vencedores. E se dedique a imitar cada um deles em tudo que pode contribuir para o seu sucesso. Em outras palavras: copie os gigantes.

O grande Isaac Newton disse: "Se eu vi mais longe foi por estar sobre ombros de gigantes".[37] Então, aprenda com os melhores players, converse com empreendedores de excelência, pergunte, escute o que eles têm a dizer sobre o aprendizado e sobre a trajetória deles. Estude esses empreendedores, estude o mercado, o público, descubra como

---

[36] ROBBINS, T. **Poder sem limites**: a nova ciência do sucesso pessoal. Rio de Janeiro: BestSeller, 2017. *E-book*.
[37] NEWTON, I. **Carta para Robert Hooke**. 2 maio 1675.

você pode alavancar o seu negócio e ter um diferencial. Esses são os elementos que lhe darão a chave para o sucesso.

Torne-se um obstinado conectado a grandes players. Esse tipo de profissional é aquele que não só estabelece excelentes conexões com as pessoas certas como também sabe aproveitar essas conexões para motivar a si mesmo, além de usá-las como exemplo e inspiração para o sucesso que deseja conquistar.

Ser obstinado e um empreendedor inconformado compulsivo e patológico

Se você fizer apenas o que a maioria faz não vai se destacar como empreendedor e seu sucesso, quando acontecer, não irá se equiparar ao dos melhores do mercado. Para ter êxito incontestável, para construir um empreendimento que o deixe milionário, ter somente obstinação não é suficiente. É preciso muito mais: é imperativo ser um empreendedor obstinado e, também, um inconformado compulsivo e patológico.

Em um mundo em que a mesmice, a mediocridade e o conformismo tendem a prevalecer, a diferenciação, a originalidade, a autenticidade e a obstinação geralmente são vistas como um tipo de loucura. Esbarrar com alguém que, mesmo em meio às piores crises, persiste, muitas vezes pode parecer insano. Mas é esse louco, esse teimoso que não desiste facilmente de suas convicções, esse sujeito que ninguém consegue convencer a parar, esse maluco que se mantém firme e direcionado mesmo sob fortes pressões e fracassos, que tem mais chances de vencer seus desafios. O empreendedor obstinado, inconformado compulsivo e patológico usa sua criatividade e o poder da sua imaginação para realizar seus sonhos, impulsionar sua jornada para o sucesso e, principalmente, contribuir para um mundo melhor.

Steve Jobs não erraria se estivesse se referindo a esse tipo de empreendedor quando disse:

> **Um brinde aos loucos, aos desajustados, aos rebeldes, aos encrenqueiros, aos pinos redondos nos buracos quadrados... Àqueles que veem as coisas de maneira diferente – eles não gostam de regras e não respeitam o *status quo*... Você pode citá-los, discordar deles, glorificá-los ou difamá-los, mas a única coisa que você não pode fazer é ignorá-los porque eles mudam as coisas... Eles empurram a raça humana para frente e, enquanto alguns os veem como loucos, nós os vemos como gênios, porque as pessoas que são loucas o suficiente para pensar que podem mudar o mundo são as que o fazem de verdade.[38]**

Esse louco é aquele empreendedor de grande sucesso, que está por trás das grandes mudanças no mundo. É aquele que tem em sua índole uma mistura muito especial de obstinação otimista, vontade imparável e determinação elevada, que o torna um inconformado, compulsivo e patológico.

Insatisfeito com sistemas e regras limitantes, ele não desanima diante das adversidades, jamais se resigna ou se submete facilmente. Possui uma compulsão, uma exigência interna que o compele a fazer o que for preciso, a se comportar de maneira proativa, pois é movido por uma força que o impulsiona na direção daquilo a que sente estar destinado. E esses comportamentos se repetem de

---

[38] APPLE Think Different. 2011. Vídeo (1min.) Publicado pelo canal jeremytai. Disponível em: https://youtu.be/GEPhLqwKo6g. Acesso em: 19 set. 2022. Tradução minha.

forma tão insistente e compulsiva, que sua missão se transforma em algo inquestionável, que deve ser atingido a qualquer custo. Nada pode parar um empreendedor obstinado, inconformado, compulsivo e patológico.

Esse é o tipo de empreendedor que nunca está satisfeito com suas vitórias. Cada conquista se transforma em energia para a próxima jornada. Ele entende que seus sonhos são mapas para o sucesso e coloca toda sua energia para converter suas incríveis ideias em planos e estratégias que permitam que ele cumpra sua missão. Ele tem como dogma que "a vida é uma questão de fazer até dar certo e não apenas se der certo". É um obstinado proativo e imparável, que age e faz acontecer até conquistar a vida que sempre sonhou, deixando como rastro um legado que irá inspirar o mundo.

A verdade incontestável é que somente quando somos obstinados, inconformados compulsivos e patológicos somos capazes de realizar coisas grandiosas e de alto valor para nós mesmos, para a empresa, para a sociedade, para o país, para o mundo e para o planeta. É preciso ser um obstinado com teimosia positiva, incansável, ter disposição para o trabalho árduo, estar conectado com sua centelha divina, sempre pensar grande e nunca ter limites para sonhar.

Um empreendedor que fica somente na vontade de realizar ou realiza muito pouco porque se mantém dentro das quatro linhas da sanidade nunca vai chegar ao topo do sucesso. Ele quer que as coisas mudem, mas não está disposto a se mexer para que isso aconteça. Ele sonha com algo melhor, mas não se move na direção do seu sonho. Ou, pior ainda, ele deseja ter sucesso, porém não faz nada para alcançá-lo porque perdeu a fé, a paixão e a crença em uma vida melhor.

O sucesso parece, sim, uma loucura e, com certeza, não é para aqueles que não ousam algo diferente. Ele é para aqueles que estão dispostos a adicionar um toque de irracionalidade construtiva às suas vidas e à vida das pessoas ao seu redor. É preciso ser ousado até o ponto da "loucura" para gerar o diferencial necessário para emplacar.

Ser louco, excêntrico, é essencial para aqueles que querem ser bem-sucedidos. E essa loucura não tem nada a ver com um transtorno mental, embora esse "louco" tenha pensamentos considerados anormais pela sociedade. Essa loucura significa confiar totalmente em sua força interior, ouvir e agir de acordo com ela, tendo diante de si uma imagem bem nítida do mundo que se deseja construir e viver.

Ser um empreendedor obstinado, inconformado compulsivo e patológico gera o diferencial que você precisa para conquistar os seus sonhos, não importa quão grandes eles sejam.

Ser um obstinado com verdadeiro tesão por suas realizações

O psiquiatra Roberto Freire afirmou: "Sem tesão não há solução". Com isso, ele sugeriu que o tesão está por trás de tudo o que tem sentido em nossas vidas. Ou, ainda, que a liberdade de sentir prazer com o que se faz é um dos motivadores mais fortes do sucesso.

Para vencer como empreendedor é preciso ter verdadeiro tesão pelo negócio, pelo seu empreendimento. É necessário ter o ato de empreender como um estilo de vida, ser um obstinado passional, cheio de prazer pelo que se faz, e ter grande paixão por seus projetos. Para vencer na vida, ter sucesso na profissão ou no empreendimento, ou para alcançar uma meta ou um sonho, é imprescindível usar a lógica, ser racional e ancorar a sua luta em emoções ligadas ao prazer.

Para que sua meta, sonho ou objetivo dê certo, você precisa ser determinado e ter capacidade de automotivação. E motivação nada mais é do que pôr o coração, o amor e o tesão em qualquer coisa que se queira fazer ou alcançar na vida pessoal ou profissional.

Nosso lado racional explica, o lado emocional impulsiona. O primeiro executa, o segundo faz a gente sentir medo do fracasso ou tesão pela vitória. Assim, um dos motivadores mais poderosos de um empreendedor de sucesso é, sem dúvida, o tesão que ele sente em realizar sonhos – tanto os próprios como também ajudar a realizar os sonhos de outras pessoas. Ter tesão pelo que se faz é colocar paixão em tudo o que se empreende. É empreender apaixonadamente.

Com uma forte mentalidade vencedora, o obstinado passional avança com vigor na direção de seus objetivos, trazendo para seus projetos intensidade, ímpeto e entusiasmo. Ele tem o cérebro tomado por uma overdose de substâncias que geram euforia e prazer, que o levam constantemente a se envolver, inovar, criar e encantar a si mesmo, trazendo o novo para o mundo e transformando a vida de milhares de pessoas com sua paixão.

Os obstinados que têm tesão de empreender e conquistar vitórias são pessoas excepcionalmente talentosas, experientes, intuitivas e criativas, que trabalham muito duro para viver seus sonhos. E acima de todas as suas habilidades está a sua paixão por impactar o mundo. É o tesão por alcançar seus propósitos que os impulsiona, que os capacita a persistir e a avançar mesmo nos momentos mais incertos.

Pessoas movidas pelo tesão não desanimam diante dos obstáculos e não têm medo de arriscar. Aliás, o risco faz parte de seu movimento de vida, da sua paixão por superar até as mais difíceis adversidades em nome de manifestar em seu trabalho e em sua vida, tudo aquilo em que elas realmente acreditam. Diante disso, os riscos são apenas mais um desafio a essa grande energia que as move, ao tesão que as enche de satisfação pessoal.

Para os obstinados passionais o que não falta é automotivação, algo que vem de sua fonte interna mais profunda, de onde eles tiram o equilíbrio entre seu lado racional e seu lado emocional. É no equilíbrio entre os dois lados que eles encontram a chave para tomar as melhores decisões, considerando ser ele o resultado de suas experiências de vida, das lições aprendidas com os erros e fracassos. Sua mentalidade vencedora baseia-se na consciência de que, quando se trata de excelência nos resultados, a razão é tão importante quanto a emoção, a cabeça e o coração devem caminhar sempre juntos.

Quando a paixão e a razão se unem, elas se reforçam. Enquanto a paixão cria uma sensação de liberdade, a razão impõe coesão e disciplina; enquanto o lado racional explica, o lado emocional impulsiona; enquanto o primeiro executa, o segundo amplifica o tesão que os obstinados passionais têm pelas vitórias e conquistas de seus sonhos.

Como disse o consultor e autor John Hagel, em seu artigo "Passion and Reason":

> **Na verdade, razão e paixão precisam estar fortemente integradas se quisermos alcançar todo o nosso potencial e fazer a diferença no mundo ao nosso redor. Longe de prejudicar uma a outra, elas se constroem entre si e se reforçam poderosamente. É possível até dizer que elas são essenciais uma para a outra. Na verdade, isoladamente, a razão é uma piscina muito rasa para nadar. Do meu ponto de vista, essa piscina precisa ser aprofundada com paixão para que a jornada seja frutífera e satisfatória.[39]**

---

39 HAGEL, J. Passion and Reason. **Edge Perspectives with John Hagel**, 22 mar. 2010. Disponível em: https://edgeperspectives.typepad.com/edge_perspectives/2010/03/passion-and-reason.html. Acesso em: 5 set. 2022.

Para alcançar o sucesso pleno e duradouro não basta ser um empreendedor obstinado. É preciso ser um obstinado com verdadeiro tesão por suas realizações.

Ser um obstinado com soberania

Ser um empreendedor soberano é criar e desenvolver equipes de colaboradores independentes, isto é, que funcionem perfeitamente mesmo sem a sua presença. Quando a sua equipe desenvolve seu trabalho com autonomia e eficiência, conseguindo resultados que você mesmo conseguiria, então você se torna soberano. Isso é bom porque, a partir daí, seus negócios ganham vida própria, gerenciam-se e produzem por si mesmos, dando-lhe a liberdade de expandi-los.

Ser um empreendedor com soberania é se tornar "desnecessário" para a equipe que você estruturou. É algo semelhante a educar os filhos para que eles se tornem independentes e sejam capazes de encarar o mundo sozinhos. A melhor mãe ou o melhor pai do mundo é aquela pessoa que educa os filhos de modo que eles não precisem mais dela, ou seja, que ela se torne "dispensável". Somente assim ela dá a eles a chance de criar autonomia e caminhar por suas próprias pernas. Mais ainda, isso alivia a carga de responsabilidade sobre si, porque sabe que eles já são capazes de tomar conta de si mesmos. Assim, ela pode ter uma vida mais tranquila e se dedicar a novas realizações.

Em termos empresariais e em sentido figurativo, podemos relacionar o termo empreendedor soberano a três pilares existentes na vida de todo líder obstinado: independência, autonomia e empoderamento.

Quando um líder empodera sua equipe, ele fornece a ela a autoridade necessária para executar suas atividades com excelência e com liberdade para tomar decisões, gerando maior responsabilidade e comprometimento. O resultado é alta motivação e maior produtividade, pois os colaboradores passam a se interessar mais pela empresa e pelos negócios, tornando-se mais proativos.

Da mesma forma que uma boa mãe se torna dispensável para seus filhos quando os empodera, dando-lhes uma educação que os prepara para a independência, um bom líder se torna dispensável quando consegue desenvolver autonomia em sua equipe. Esse é o empreendedor soberano, que prepara seus colaboradores para ter a confiança necessária para tomarem decisões e gerenciarem suas tarefas de maneira autônoma.

Uma das estratégias que vem se destacando como parte do empoderamento de equipes é encorajar a "atitude de dono", que ajuda a formar uma mentalidade que causa entusiasmo e dedicação, pois estimula a todos a se comportarem como se fossem donos do negócio, levando-os a pensar não apenas no próprio progresso, mas também no crescimento de todos na empresa.

Ser um empreendedor obstinado que compreende o valor de se tornar dispensável para a sua equipe encontra respaldo no mindset ágil, com uma estratégia voltada para desenvolver a autonomia e o sucesso de cada membro de sua equipe. E quando uma equipe desempenha eficiência no seu trabalho sem a necessidade da presença do líder, mas obtendo os mesmos ou até melhores resultados, ele se torna soberano, seus negócios ganham vida própria e ele ganha a liberdade para levar sua empresa para níveis mais altos.

Ser um obstinado resoluto e de pulso firme

Um empreendedor obstinado que tem pulso firme é alguém decidido, que não desanima diante das pressões. Ele é firme em seus propósitos, defende sua opinião e sustenta seus posicionamentos, salvo em casos em que se prove que ele está errado.

Com tantas variáveis presentes no dia a dia, há momentos em que o empreendedor precisa manter pulso firme, porque é necessário impor a sua vontade sobre tudo o que se opõe às suas realizações. Somente com uma postura resoluta é possível não ceder a linhas de atuação diferentes daquela que ele acredita que o levará ao sucesso.

A expressão "ter pulso firme" pode nos levar a ter certos receios, devido ao modo como estamos habituados a vê-la sendo usada, muitas vezes como sinônimo de algo imposto, que não pode ser questionado. Porém, embora seja algo estranho de pensar, porque estamos acostumados com estratégias e processos empresariais mais democráticos, a verdade é que deixar certas decisões muito abertas pode travar alguns processos decisórios essenciais.

Existem ocasiões em que o empreendedor não pode se dar ao luxo de ouvir todo mundo que está envolvido e, então, decidir com base na maioria. Ele tem que decidir por si só, assumir a responsabilidade pela decisão e impô-la aos demais. Obviamente, não podemos agir assim todo o tempo, pois isso desgasta os relacionamentos e tira o mérito de muitas pessoas boas que nos assessoram, mas há momentos em que isso é necessário.

Indo um pouco além nessa análise, é possível entender que decisões unânimes são muito difíceis de se conseguir e nem sempre são as melhores opções. O genial dramaturgo brasileiro Nelson Rodrigues afirmou que "toda unanimidade é burra". E é simples de entender isso: a unanimidade é "burra" porque desconsidera a complexidade da realidade e despreza muitas possibilidades. Quem vive buscando consenso, harmonia e unanimidade o tempo todo, muitas vezes perde as melhores oportunidades.

Concordo que é bastante comum que as pessoas busquem conseguir o maior apoio possível sobre o que se discute, mas isso pode limitar as ideias e as possibilidades de solução. A procura pela unanimidade é perda de tempo, é como correr atrás de uma ilusão – é difícil consegui-la e, quando acontece, nem sempre a decisão é a melhor opção. Em muitos casos, uma solução melhor pode ser encontrada quando, agindo de maneira resoluta e com pulso firme, o empreendedor consegue fazer valer a sua visão de negócio.

O empreendedor obstinado normalmente não procura consenso, pois sabe que esse não é o melhor caminho. Ele entende que existem muitas opções, analisa todas e, havendo pontos de discórdia, é ele quem decide qual delas usar, independentemente do que os outros pensem. Por mais que exista no mercado a preferência por líderes fortes, carismáticos e acessíveis, que conduzam todos pelos caminhos do progresso e de modo democrático, há momentos em que eles têm que impor a sua vontade sobre o que se opõe às suas realizações, defendendo sua opinião e sua decisão.

Ser um obstinado com desapego e desprendimento

Muitos empreendedores gastam tempo se lamentando por seus projetos e negócios que não deram certo. Isso é um erro enorme, já que consome muita energia e não leva a lugar algum. É preciso aprender com os erros, com as falhas, com os empreendimentos que não deram resultado, capitalizar esse aprendizado e partir para a próxima empreitada. Quem conhece a minha história sabe que fracassei em muitos empreendimentos, mas que não fiquei me lamentando. Pelo contrário, aprendi e me fortaleci para seguir adiante e fazer com que outros empreendimentos meus se tornassem um sucesso.

Muitas pessoas, quando veem milionários fazendo o que gostam e realizando seus sonhos, acreditam que a vida de um empreendedor se limita somente ao sucesso e aos tantos benefícios que dele se pode desfrutar. Mas, gostando ou não, perdas são mais comuns do que se imagina. Muitas empresas e empreendedores que hoje são bem-sucedidos passaram por inúmeros fracassos para chegar aonde estão. E foi a forma como eles lidaram com o insucesso que definiu o crescimento de seus negócios.

Para o empreendedor obstinado, os fracassos são considerados parte importante da jornada, pois são eles que dão a oportunidade de ele aprender com seus erros e superar as adversidades com mais conhecimento de causa, tornando-se mais forte e confiante. Não que ele deseje o fracasso, mas compreende que ele pode representar uma evolução inestimável quando se está disposto a superar os contratempos, aprender e prosperar.

Em um mundo dinâmico como o de hoje, é preciso ser um obstinado com desprendimento. Mas, infelizmente, nem todos os empreendedores estão preparados para enfrentar as atribulações de maneira madura. Para muitos, apegados mais aos problemas do que às soluções, encarar erros e perdas como uma aprendizagem é uma atitude que funciona melhor na teoria do que na prática, e o fracasso ainda é o maior pesadelo.

Buda já ensinava que o apego – desejo de manter um determinado estado, uma coisa ou uma pessoa permanente – gera insegurança e por isso é uma das principais causas do sofrimento humano. Cultivar o desapego visa desenvolver uma mentalidade livre de desejos limitantes, que permite nos movermos adiante sabendo da impermanência de todas as coisas.

O empreendedor obstinado que pratica o desapego tem em mente que as fases ruins não duram para sempre. Ao enfrentar um momento difícil, prender-se-á apenas às lições que esses momentos ensinam e uma vez aprendendo, virará a página. Se um projeto não deu certo, ele reflete sobre isso, mas não se apega ao que perdeu ou deixou de ganhar. Ao deixar ir um fracasso após tirar dele o aprendizado, não só deixa de correr o risco de repeti-lo como abre espaço para recomeçar com novas ideias, num processo contínuo de autolapidação que lhe permitirá alcançar um futuro melhor.

Devemos tratar nossos problemas como se fossem professores que desejam nos ensinar algo. Não há dúvidas de que algumas situações difíceis são inevitáveis, mas a maneira como lidamos com elas depende do nosso desejo de superá-las e seguir adiante.

Os fracassos sempre trazem a chance de colocar em prática o aprendizado. Não se apegue a eles, faça deles grandes lições. Tudo é parte da construção da nossa resiliência e do nosso caminho para o sucesso. Se hoje você fracassou, amanhã tente mais uma vez e de um jeito diferente, com desprendimento, determinação, foco e trabalho intenso.

É preciso ser obstinado com desapego e desprendimento. Não devemos nos apegar ao que é passageiro. Precisamos projetar a nossa mente para coisas longas e duradouras e enfrentar os problemas no agora, tendo em mente um pensamento visionário, que será a chave para a construção de novos caminhos para o sucesso.

Ser um obstinado com mais sanidade que vaidade

Por que é importante ser um obstinado com mais sanidade do que vaidade? Antes de entrar nessa questão propriamente dita, vamos pensar um pouco sobre alguns pontos de interesse para esta nossa conversa.

Seja um fodido obstinado

A era digital tem provocado uma grande transformação na vida das organizações e passou-se a questionar os modelos e os comportamentos de liderança, de trabalho colaborativo e de embasamento do empreendedorismo utilizados até então. Em função disso, empreendedores estão sendo chamados a fazer uma reflexão sobre a maneira como estão atuando junto ao novo mercado, aos seus clientes e aos seus colaboradores, para que possam criar estratégias mais adequadas e efetuar as mudanças necessárias para se adaptar e atender às novas demandas. Esse é preço que é preciso pagar para alcançar ou manter o sucesso de suas empresas.

Com a crescente valorização do lado mais humano das relações profissionais, algumas características de personalidade dos líderes, como a vaidade e a sanidade, estão sendo colocadas em evidência e sendo questionadas quanto à sua eficácia quando se trata de se ter uma liderança mais adequada ao novo momento. Essas duas características são típicas da personalidade humana e hoje, mais do que nunca, precisam estar sob controle e em equilíbrio para que o empreendedor consiga ser bem-sucedido.

Com relação à vaidade, na psicologia ela é vista como uma preocupação excessiva da pessoa com a própria aparência física e com suas conquistas, denotando um ego inflado. Muitas vezes, ela até pode ser vista como autoconfiança e boa autoestima, mas com o tempo pode chegar a destruir um sucesso alcançado após anos de esforço.

Outro tema bastante controverso dentro do empreendedorismo é a sanidade. Embora haja quem diga que um líder exemplar deve ter clareza e sanidade em suas atitudes, a nova era nos chama a atenção para certas vantagens de se ter como característica de um bom líder justamente a loucura que, segundo a psicologia, é caracterizada por pensamentos considerados anormais pela sociedade.

Posso afirmar, sem medo de errar, que todo empreendedor obstinado possui um pouco de loucura, que o leva a não ter medo de se arriscar e/ou errar. É essa fuga dos padrões que o torna mais criativo, que lhe dá poder para romper paradigmas, sobreviver ao caos e mudar comportamentos para gerar inovações.

Um empreendedor obstinado sabe que no mundo dos negócios é natural desfrutar de certo poder e orgulho quando se alcança o sucesso, o que deixa transparecer certo ar de vaidade. No entanto, ele sabe que é preciso muito cuidado, pois, como assinalou o executivo K. A. Narayan[40], presidente de Recursos Humanos na Raymond Ltd., existe uma linha tênue que transforma o sucesso em arrogância, narcisismo e uma falsa sensação de confiança.

Um empreendedor obstinado com mais sanidade que vaidade é um líder autoconfiante, com alto nível de autoconsciência e inteligência emocional para reconhecer e controlar seu comportamento e evitar se tornar apenas um líder vaidoso. O líder obstinado com mais sanidade que vaidade é alguém que percorre um caminho que vai além do trilhado pelo líder comum. Em seu desejo de mudar o mundo para melhor, o que muitas vezes é visto como loucura, ele se guia por uma visão clara e um propósito maior, que o leva a ver a realidade de modo diferente das pessoas consideradas normais.

E finalmente chegamos ao ponto crucial desta nossa conversa: como me disse certa vez um amigo, "no mundo dos negócios, a vaidade visa ao faturamento e a sanidade visa ao lucro real". O empresário de sucesso não se alegra com a forma como as pessoas

---

[40] NARAYAN, K. A. Of Pride & Vanity: exploring hubris in leadership. **People Matters**, 30 ago. 2016. Disponível em: https://www.peoplematters.in/article/leadership/of-pride-vanity-exploring-hubris-in-leadership-13975. Acesso em: 19 set. 2022.

o veem nem com o valor que elas lhe dão, mas com os resultados que conquista.

O obstinado dribla e usa a vaidade, mas prima pela sanidade, e, assim, fortalece-se e maximiza seus esforços e seu empenho, potencializando suas realizações e chegando mais rapidamente ao sucesso consistente e duradouro. E é daí que vem a clareza que devemos ter de sempre sermos obstinados com mais sanidade do que vaidade.

Ser um obstinado com ousadia, mas com cautela

Um empreendedor obstinado é, por definição, um profissional ousado. Essa é uma das razões pelas quais ele vai mais longe e alcança os níveis mais altos do sucesso. A ousadia ensina, estimula, encoraja, empurra para a luta e ajuda na conquista de avanços substanciais. No entanto, o bom-senso sinaliza que ela deve andar junto à cautela.

Esta é a essência desta nossa conversa: existem dois componentes fundamentais para se ter na mochila quando fazemos nossa jornada para o sucesso: ousadia e cautela. Elas até parecem forças que trabalham em sentidos contrários, mas a sabedoria consiste em saber usar as duas, na medida certa e nos momentos adequados.

O empreendedor obstinado normalmente sabe manter um bom equilíbrio entre cautela e ousadia. Ele sabe que deve ter cuidado ao traçar seus planos, mas deve ser ousado ao executá-los. Para ele, empreender é o mesmo que se jogar rumo ao desconhecido, mas não de maneira inconsequente. Muito pelo contrário, quando ele adentra em campos não explorados, ele lança mão da cautela, do preparo prévio e, principalmente, de um bom planejamento.

A cautela nos ajuda a analisar cada situação e cada decisão, leva-nos a enxergar melhor os problemas, auxilia-nos a explorar as

Ser um obstinado com diferenciais exclusivos

opções e contribui para que busquemos, com sabedoria, o amparo que se fizer necessário. Ou seja, ela nos permite agir com mais certeza e resultados positivos.

Porém vale lembrar que ser cauteloso em excesso pode acabar gerando indecisão, procrastinação, hesitação e insegurança. Assim, um empreendedor comedido demais pode perder boas oportunidades por falta de coragem de agir. É claro que não devemos ignorar os alertas saudáveis que a sensação de medo nos dá, mas é preciso não ser dominado por ele, principalmente porque o empreendedorismo significa, acima de tudo, ter ousadia e coragem para correr riscos. Imagine o que seria do mundo sem a audácia dos grandes gênios que decidiram inovar mesmo sem saber se daria certo. É nesse ponto que a cautela nos diz o quanto devemos arriscar, mesmo que o medo nos acene com possíveis perdas.

No mundo dos negócios, o medo e a insegurança podem estar presentes, mas não precisam se transformar em impedimentos. Antes, devemos usá-los como motivadores. Entre os nossos maiores aliados estão a capacidade de usar a dosagem certa de cautela e ousadia, de saber recuar, refletir e, então, agir com mais sapiência. Como disse Jeff Bezos, fundador da Amazon e uma das pessoas mais ricas do mundo: "Se você decidir que irá fazer apenas o que sabe que dará certo, estará deixando um monte de oportunidades para trás".

A estabilidade e a inércia nunca possibilitaram ao ser humano grandes feitos. Para chegar mais longe e alcançar a plenitude das nossas realizações é preciso ter, sobretudo, ousadia de agir. A vida pede movimento e para avançar é preciso ter atitude e arriscar. Mas, como já foi dito, ser ousado demais pode representar perigo, pois corremos o risco de nos tornar imprudentes. O ideal é dar um passo de cada vez, com segurança, antes de nos proporpos "correr uma maratona". É isso que quero dizer quando falo que cautela e ousadia precisam caminhar lado a lado.

Ser um obstinado ousado e cauteloso é uma das combinações mais potentes para se conquistar e manter um sucesso sólido. Esse tipo de obstinado nunca dá um passo maior do que a perna. Ele avança aos poucos, ajustando o ritmo conforme a necessidade, sem jamais desistir. Ele sabe que cada pequeno progresso consciente o levará ao sucesso e seus passos são dados com muito planejamento, preparo e dedicação. Nessa organização, a cautela possibilita a ousadia dentro do campo, onde colocamos em prática nossas ações. Planejar com cuidado cada jogo nos possibilita ousar no campeonato.

Ser um obstinado com compaixão

Quando falamos em obstinação atribuímos ao empreendedor características de avançar, acelerar sem parar, movimentar-se e mudar o mundo com ações práticas diárias. Porém, neste tópico (Ser um obstinado com compaixão) e no próximo (Ser um obstinado com fé) vamos apreciar alguns aspectos mais espirituais do empreendedorismo, afinal, essas duas visões também são necessárias para sermos obstinados mais equilibrados e com foco real e verdadeiro nas pessoas, visando promover a humanização das relações.

Quando tratamos das habilidades necessárias para alcançar sucesso nos negócios, muitos perguntam o que a compaixão tem a ver com isso. Mas é fato comprovado que ser compassivo é uma das qualidades que mais contribuem para melhorar os resultados na área corporativa, beneficiando tanto a liderança quanto seus colaboradores e, consequentemente, a empresa como um todo. Ser obstinado com compaixão é, na verdade, saber usar um dos principais motores que impulsionam o sucesso.

Dentro da psicologia, a compaixão é considerada mais como ação do que emoção. Embora envolva elementos de empatia, amor e cuidado, ela visa aliviar o sofrimento dos outros a partir do autêntico desejo de ajudar pessoas a conquistarem o que desejam e precisam. Isso vai ao encontro da ideia pregada pelo palestrante e escritor norte-americano Zig Ziglar, que afirmou que nós podemos ter tudo o que quisermos se nos dispusermos a ajudar algumas pessoas a terem o que elas querem.[41] Ou seja, ser um obstinado com compaixão ajuda-nos a chegar mais rapidamente ao sucesso.

Pesquisas recentes reconheceram a compaixão como um aspecto essencial em um ambiente de trabalho produtivo. Demonstrar compaixão pelos colegas, por superiores ou subordinados é vital para manter a satisfação e a motivação no trabalho devido justamente a essa cultura profissional mais humanizada. Ainda de acordo com esses estudos, os funcionários das organizações que operam com compaixão são menos estressados e há, por parte deles, mais envolvimento, dedicação e lealdade. Pessoas que trabalham juntas em empresas assim são mais propensas a cooperar e ajudar umas às outras.

Para coroar todos os aspectos favoráveis da compaixão, os cientistas sociais James Fowler e Nicolas Christakis demonstraram que ajudar é algo contagioso: em uma reação em cadeia, atos de generosidade, altruísmo e bondade geram mais generosidade, o que leva a uma harmonização e mais ajuda mútua no ambiente de trabalho.[42] Ou seja, ser compassivo é um investimento que gera ótimos dividendos.

---

41 ZIGLAR, Z. *op. cit.*, p. 6. Tradução minha.
42 SEPPALA, E. Why compassion in business makes sense. **Greater good magazine**, 15 abr. 2013. Disponível em: https://greatergood.berkeley.edu/article/item/why_compassion_in_business_makes_sense. Acesso em: 19 set. 2022.

Demonstrações de benevolência, em qualquer situação ou ambiente, têm o poder de elevar o espírito das pessoas, trazer cura emocional, mental e física, espalhar harmonia, promover benefícios individuais e sociais e inspirar outras pessoas a também serem compassivas. Isso cria uma positividade crescente e boas relações entre as pessoas, favorecendo o trabalho em equipe e a busca pelos objetivos traçados.

A compaixão leva o empreendedor a ver as coisas com base na perspectiva das pessoas envolvidas com sua empresa. Ao ser compassivo, ele compreende e entra em sintonia com os desejos e expectativas de seus acionistas, investidores, funcionários e clientes, o que, em retorno, fornece-lhe informações valiosas que o ajudarão a criar melhores oportunidades de negócios e a manter a motivação e a satisfação de sua equipe. Os benefícios de ser compassivo no trabalho são muitos; por exemplo:

➡ A compaixão garante um fluxo de comunicação saudável, calorosa e amorosa, que promove a melhoria da saúde organizacional de uma empresa;
➡ Líderes que seguem abordagens compassivas têm funcionários altamente recíprocos, que trabalham com dedicação. Eles tendem a retribuir a bondade que recebem tentando atingir as metas organizacionais;
➡ Uma empresa com cultura compassiva, com funcionários e gerentes benevolentes, tem maiores chances de sucesso;
➡ A compaixão no local de trabalho incentiva relações interpessoais saudáveis;
➡ A compaixão permite que as pessoas reconheçam e apreciem os outros com sinceridade e trabalhem para beneficiar a organização em vez de apenas a si mesmas;

- Ser compassivo com os colegas não afeta apenas ambas as partes, também tem impacto positivo no desempenho em geral;
- Pesquisas mostram que se comunicar com gentileza e empatia melhora o sistema de valores dos funcionários, fazendo com que eles se sintam mais parte da equipe;
- Ser compassivo reduz a pressão, a ansiedade e torna as pessoas mais resistentes ao estresse e ao esgotamento.

Todas essas razões são apenas parte dos muitos motivos pelos quais organizações líderes de mercado fazem da criação de um local de trabalho compassivo uma prioridade. Dentro dessa linha de pensamento desponta o papel do líder piedoso.

O conceito de liderança compassiva teve início com o professor americano Jon Kabat-Zinn. Em seus trabalhos, Zinn indicou a liderança compassiva como uma forma de reduzir o estresse no trabalho e aumentar a paz entre os profissionais. Seus estudos sugeriram ainda que esse tipo de liderança pode ser aprendida, que qualquer pessoa é capaz de se tornar um profissional benevolente, e que preparar as lideranças nesse sentido aumenta as chances de bons resultados.[43]

Embora esse seja um campo ainda novo, a pesquisa sobre compaixão está definindo um novo tom para o local de trabalho e a cultura de gestão. Os cientistas estão explorando as maneiras mais eficazes de promover essa virtude no local de trabalho e ajudar essa prática a se espalhar. Nesse contexto, podemos ter uma ideia real da dimensão positiva que é ter empreendedores obstinados que usam a compaixão como uma de suas ferramentas de trabalho.

---

[43] CHOWDHURY, M. R. Compassion in the workplace: 9+ examples & tips for leaders. **PositivePsychology.com**, 30 abr. 2019. Disponível em: https://positivepsychology.com/compassion-at-work-leadership/. Acesso em: 19 set. 2022.

Ser um obstinado com fé

Você não tem que ter todas as certezas em mãos para começar a empreender. Você precisa ter fé para arriscar a dar o primeiro passo e depois continuar caminhando com determinação. O que motivou muitos homens e mulheres a se tornarem grandes exemplos para o mundo foi a fé, que brilhava nos olhos desses verdadeiros empreendedores de sucesso.

Você pode até ter uma ideia que acredita ser brilhante e que revolucionará o mercado, pode estar cheio de entusiasmo, pode até estar "vendo" o seu produto inovador em suas mãos. Pode até mesmo visualizar esse produto em pleno funcionamento e vendendo aos milhões, mas se não tiver fé que aquilo realmente vai dar certo, de nada adiantará, pois não terá coragem de sair do lugar e investir em seu projeto. E um projeto precisa de ações para torná-lo real, caso contrário continuará sendo apenas um projeto.

"Primeiro você dá o passo. Depois Deus coloca o chão. Isso se chama fé". É o que diz um amigo meu. Isso é ter fé! Ter a certeza de que algo realmente existe, mesmo que ainda não esteja concretizado, e que pode transformar a sua vida e a de outros. É preciso ter fé para acreditar e colocar as ações necessárias para realizar seus planos.

Como diz a Bíblia Sagrada: "A fé move montanhas". Independentemente de qualquer conotação religiosa, a essência dessa frase é que a fé é a grande força que nos move na busca do que muitas vezes parece impossível. Ela é a base da nossa capacidade de agir, é o estímulo para seguirmos em frente mesmo diante das maiores dúvidas. Não importa o tamanho do obstáculo, onde a fé está presente existe a força para superá-lo.

A fé não é apenas um sentimento abstrato. Ela é, antes de tudo, um motivador para tudo o que sonhamos realizar. Ela nos dá a coragem para arriscar e a ousadia para começar. Ela nos ajuda a acreditar que podemos realizar e a dar o primeiro passo, sem o qual nenhuma jornada é percorrida.

Como disse o professor e poeta irlandês John Anster: "Se você pensa que pode ou sonha que pode, comece. A ousadia tem genialidade, poder e mágica. Ouse fazer e o poder lhe será dado".[44] A fé nos dá essa audácia, que nos empodera e nos leva a realizar tudo o que for necessário para chegarmos à vitória.

O mundo dos negócios está repleto de grandes nomes que mudaram o rumo de suas empresas e o destino de muitas pessoas com suas ideias ímpares e ações que são frutos de uma fé inabalável que os inspira e guia. Assim como tantos de nós, eles também não tinham tanta certeza e segurança de seus resultados quando começaram a empreender. Na emoção de criar algo novo, muitas vezes se atrapalharam. Mas, no final, o que motivou esses verdadeiros obstinados foi a fé contagiante, vista em seus olhos e que os manteve na rota certa, mesmo nos momentos mais difíceis. Foi essa fé que os distinguiu dos outros que tentaram seguir por caminhos do sucesso, mas sucumbiram.

Ser um obstinado empodera a sua vontade e o faz forte para seguir em frente. Somar isso à fé dá a você, empreendedor, a certeza de estar colocando sua energia nos lugares certos e de que chegará à vitória.

Quando se quer ser grande é preciso ter muito mais do que apenas uma ideia brilhante que acreditamos que revolucionará o mundo. É preciso ter fé absoluta de que a nossa ideia foi criada para dar certo. É isso que nos dará vontade e determinação para seguir

---

[44] ASTER, J. apud RIBEIRO, L. **O sucesso não ocorre por acaso**. Rio de Janeiro: Objetiva, 1993. p. 122.

em frente e encontrar outras pessoas que queiram investir no nosso projeto. É preciso ter a certeza de que aquilo que desejamos já existe no universo e que está em nossas mãos materializá-lo. Tendo a fé como nossa grande força inspiradora, nossa vontade nos motivará e nos dará coragem para nos empenharmos em colocar nossa energia e as ações necessárias na concretização dos nossos sonhos.

Quando temos fé temos também motivação, disciplina e obstinação para jamais parar no meio do caminho. Com ela vêm a perseverança e a determinação de realizar o que desejamos, confiando que somos capazes de alcançar nossos objetivos. A fé nos faz acreditar em nós mesmos, levando-nos a entender que temos o que é necessário para conquistar aquilo a que nos propomos.

Ser um obstinado com fé é estar pronto para lançar no mundo tudo o que acreditamos ser o nosso melhor, é acreditar que os nossos passos são guiados e sustentados por uma natureza que sempre nos leva a fazer o nosso melhor para que o melhor aconteça no mundo.

É preciso ter a certeza de que aquilo que desejamos já existe no universo e que está em nossas mãos materializá-lo.

11

Ser um obstinado com lifelong learning

Como diz um antigo ditado popular, "Conhecimento não ocupa espaço. Quanto mais, melhor!". Isso quer dizer que podemos – e devemos – continuar a aprender sempre. É o conhecimento aplicado que forma as bases para qualquer conquista.

O lifelong learning é um conceito que prega a educação e a aprendizagem ao longo da vida, em um processo contínuo. É a evolução contínua do ser ou, como dizem os japoneses: "Hoje é melhor do que ontem e pior do que amanhã".

Quem acha que já sabe de tudo estagna, embolora, definha. Deixar de aprender é o mesmo que deixar de viver, pois a vida exige aprendizado constante. Na Bíblia, Provérbios 19:27, diz: "Se você parar de aprender, logo esquecerá o que sabe". Ou seja, deixar de aprender não é só deixar de evoluir, é também retroceder.

Um dos grandes segredos do sucesso dos maiores milionários que já existiram está resumido neste modo de pensar: seja um obstinado com foco no aprendizado e em cultura – tenha vontade de aprender e hábitos de aprendizagem. Construa conhecimento continuamente, torne-se um obstinado com lifelong learning.

Conhecimento é poder em potencial

Ser um obstinado pelo que você busca com certeza vai levá-lo ao sucesso. Ter um bom conhecimento sobre tudo o que tem a ver com o seu negócio e até com o seu modo de viver em geral o levará aos seus objetivos mais rapidamente e de modo mais seguro. Posso dizer com certeza, baseado em minhas próprias conquistas, que grande parte dos nossos êxitos está nas mãos do profissional obstinado que pratica o lifelong learning.

Lifelong learning não se trata de acumular conhecimento ou memorizar grandes quantidades de informações. Não é adquirir o máximo de conhecimento possível ou se tornar uma enciclopédia humana. O verdadeiro aprendizado vai muito além de acumular fatos. Trata-se de transformar o que absorvemos em ação estratégica.

Isso me faz lembrar de uma frase escrita pelo Dr. Lair Ribeiro: "Conhecimento é poder em potencial". Acrescento aqui que quando colocado em ação com a energia de um obstinado, o poder do conhecimento se manifesta de modo especial e gera os melhores resultados.

Assim, praticar o lifelong learning de maneira eficaz e proveitosa vai muito além de simplesmente adquirir conhecimentos. Precisamos cultivar o hábito de usar nosso aprendizado como base e estímulo para mergulhar em novas experiências práticas. É isso que vai nos permitir gerar ideias originais e, a partir delas, fazer a diferença no mundo.

Enfim, precisamos considerar que o conhecimento por si só não tem o efeito necessário para gerar transformações, mas nenhuma ação leva aos resultados desejados se não for embasada no conhecimento apropriado. É preciso obter sabedoria e fazer dela uma prática diária para que geremos efetivamente alguma mudança no mundo.

Faço questão de frisar que no mundo do empreendedorismo é fundamental ser *um obstinado com foco no aprendizado contínuo*, com vontade de expandir constantemente sua cultura e aprimorar seus conhecimentos. Ser um obstinado com lifelong learning faz a mágica do sucesso sair do sonho e se tornar realidade.

Educação e conhecimento

Precisamos ter claro que educação, conhecimento e aprendizado são coisas diferentes, embora estejam intimamente relacionadas. A educação é um processo por meio do qual se desenvolve uma habilidade ou conhecimento, levando ao aperfeiçoamento das capacidades intelectuais da pessoa. O conhecimento é o entendimento sobre algo, é o saber adquirido, é a ação de compreender determinados assuntos por meio da inteligência, da razão ou da experiência. Já o aprendizado tem a ver com passar a ter conhecimento sobre algo com o desenvolvimento de novas habilidades, com a ampliação da compreensão sobre determinados assuntos.

A educação formal leva ao conhecimento e ao aprendizado, mas nem sempre o aprendizado e conhecimento vêm de um processo de educação formal. Podem ser construídos com vivências pessoais, cursos, palestras e treinamentos oferecidos fora dos meios tradicionais de ensino escolar.

No passado, tinha-se a ideia de que a maneira mais eficaz de se ter sucesso na vida era por meio da educação formal. Ainda hoje, esse é um caminho que pode sim ajudar no nosso desenvolvimento pessoal e profissional, contribuindo para conseguirmos melhores empregos e melhores posições nas empresas, ou mesmo melhores resultados como empreendedores. No entanto, a educação não é o único caminho para o sucesso – e nem mesmo é suficiente por si só para atingir esse objetivo –, principalmente em um mundo em que as constantes e rápidas inovação e mudanças têm provocado a necessidade de estimularmos a aprendizagem e expandirmos nossos conhecimentos de modo diferenciado e célere.

Diferentemente do que as pessoas costumam acreditar, a aquisição de conhecimento não pode parar com a conclusão dos cursos formais das escolas. Hoje em dia isso não é mais suficiente para garantir vitórias profissionais ou pessoais. Temos que pensar em educação continuada. O lifelong learning contempla tanto a educação formal quanto a informal, mas coloca ênfase principalmente no conhecimento que adquirimos fora dos meios formais de ensino.

A tônica principal por trás do conceito de lifelong learning é, como a própria expressão já diz, que o aprendizado e a obtenção de conhecimento desempenham, cada vez mais, um papel importante durante toda a nossa vida. O palestrante motivacional Jim Rohn disse certa vez que as pessoas mais bem-sucedidas são aprendizes ao longo da vida – praticam o lifelong learning – e elas entendem que a educação continuada é de sua responsabilidade. Em uma adaptação livre do que Rohn disse, temos: "A educação formal lhe dará um estilo de vida; a autoeducação fará de você um milionário".

Seja por paixão pessoal ou perseguindo sonhos profissionais, o lifelong learning nos ajuda a alcançar a realização e a satisfação que buscamos.

Lifelong learning e empreendedorismo

Em tradução livre, podemos dizer que o termo lifelong learning equivale a "educação continuada", ou seja, não devemos parar de aprender. E essa é uma forma de pensar perfeitamente coerente com as necessidades e desafios que encontramos em todas as áreas do mundo atual. O profissional de hoje e do futuro, seja ele um especialista ou um generalista, precisa evoluir e se transformar para ser competitivo no novo mundo que surge a cada dia. Quem insiste em pensar que já sabe tudo o que é necessário está assinando seu atestado de óbito profissional e de empreendedor.

Ser um obstinado com lifelong learning

É nesse contexto que o lifelong learning ganha espaço como um conceito que prega a educação e a aprendizagem ao longo da vida, em um processo contínuo, que não acaba com o fim de um curso, faculdade ou especialização. Ele se refere ao aprendizado constante, em qualquer lugar, dentro ou fora de uma instituição educacional formal. Tendo como concepção que nunca é tarde para ampliar nossos horizontes, a educação continuada tem como fontes de conhecimento não apenas as escolas, mas também eventos, locais de trabalho, internet e até mesmo lugares de atividades de lazer.

Susanne Anjos Andrade, autora do livro *O poder da simplicidade no mundo ágil*[45] entre vários outros títulos, afirmou: "O lifelong learning deve ser uma das principais competências do profissional do século XXI". Sem dúvida, mais do que nunca precisamos nos tornar eternos aprendizes.

O termo lifelong learning ganhou projeção nos dias de hoje, nos meios empresarial e do empreendedorismo, porque representa uma necessidade cabal para que possamos fazer frente às mudanças numerosas, intensas e rápidas que acontecem no mundo atual, repleto de inovações. Precisamos estar dispostos a aprender para termos condições de acompanhar as transformações diárias e dar conta dos desafios cada vez maiores e mais complexos conforme galgamos novos níveis de sucesso.

Lifelong learning se refere, em especial, à busca contínua, voluntária e automotivada pelo conhecimento. Ser um "eterno aprendiz", característica essencial para o contexto atual, é o caminho para o

---

[45] ANDRADE, S. A. **O poder da simplicidade no mundo ágil**: como desenvolver soft skills e aplicá-las com scrum e design thinking para ter mais resultado com menos trabalho, em menor tempo. São Paulo: Editora Gente, 2018.

profissional desenvolver novas habilidades, tanto técnicas como humanas, agregando conteúdos úteis para a nova realidade mundial.

Em outras palavras, lifelong learning é uma prática muito valorizada atualmente, que prega a educação, a aprendizagem e o investimento constante em nosso conhecimento, muito além do que aquilo que aprendemos nos meios escolares tradicionais. É um processo contínuo de instrução a partir de leituras, pesquisas, cursos, treinamentos, mentorias, modelagem do sucesso e especializações, além de, é claro, aprendizado com as próprias experiências de vida, que precisam ser aproveitadas ao máximo.

Lifelong learning, obstinação e propósito de vida

Um empreendedor obstinado tem a força e a determinação para levar até o fim a execução de seus planos. O lifelong learning provê o conhecimento necessário como ferramenta de ação para a conquista dos seus objetivos e o propósito de vida lhe dá a direção e o sentido para isso, levando-o a conquistar os resultados mais completos e significativos.

É muito importante ter em mente que a nossa existência e tudo o que nos propomos a fazer precisa se alinhar a um propósito de vida digno, louvável e altruísta. Essa é a maneira pela qual podemos viver nossos dias com direção e foco e, assim, conquistar os melhores resultados de maneira justa e benevolente sem desperdiçar esforços.

Viver com propósito é dar significado a nossa trajetória para que possamos nos realizar profissional e pessoalmente, e nos sentirmos felizes e plenos por fazermos uma diferença positiva no mundo à nossa volta. Nosso propósito precisa ser um motivador forte o suficiente para nos fazer sair da cama todos os dias para encarar a jornada chamada vida.

Em termos de lifelong learning, para fazermos o melhor uso da educação continuada e nos desenvolvermos constantemente, sem desperdiçar tempo e energia, nosso caminho deve ser orientado pelo entendimento do nosso propósito, do nosso chamado na vida. A autora Susanne Anjos Andrade ressaltou em seus livros que no momento em que descobrimos isso, conseguimos fazer escolhas sobre o que estudar e como desenvolver nossos conhecimentos, assumindo o protagonismo nesse contexto e praticando um lifelong learning muito mais motivado, com um aprendizado mais focado, útil e consistente.

Os melhores resultados obtidos a partir de uma postura de lifelong learning acontecem quando temos em mente um propósito claro e bem definido, que nos diga o que devemos fazer, onde colocar nosso foco e, lógico, definir quais são os conhecimentos que devemos buscar e que nos ajudarão a cumpri-lo. Definir nosso objetivo torna possível selecionar e organizar o aprendizado que nos ajudará a desenvolver as habilidades mais relevantes para nos levar ao que queremos de maneira rápida e direcionada.

Para identificar com clareza o seu propósito de vida, sugiro o estudo e a aplicação de um método baseado na filosofia de vida japonesa, chamado Ikigai, sobre o qual já existe uma extensa literatura. Em tradução livre, Ikigai significa "razão para viver". Essa filosofia contempla quatro grandes aspectos da vida, que devemos analisar quando buscamos esclarecer qual é o nosso propósito de vida. São eles:

➥ Fazer aquilo que você ama;
➥ Fazer aquilo em que você é bom;
➥ Fazer aquilo que o mundo precisa;
➥ Fazer aquilo que você é pago para fazer.

Esses quatro domínios definem o Ikigai e se sobrepõem conforme esquematizado a seguir:

Conhecer e se aprimorar em cada um dos domínios leva à definição e à clareza do objetivo de vida do indivíduo. Vale ressaltar que é no centro do diagrama, onde se unem os quatro domínios, que está o equilíbrio do Ikigai, a essência do seu propósito de vida.

É bastante interessante também entender que o Ikigai, como parte da cultura oriental, apoia-se na ideia de que o grande sentido da vida está na jornada e não na chegada ao objetivo. Quando se fala de razão para viver, os orientais não se referem a um ponto no futuro, mas de cada ponto construído ao longo do caminho, em cada momento vivido. O grande ensinamento a ser aprendido baseia-se no pressuposto de que vivendo bem o presente estamos, seguramente, construindo um excelente futuro.

A estratégia para usar o lifelong learning com o máximo proveito é você identificar o seu propósito de vida e, a partir daí, navegar por conteúdos alinhados com a sua trilha de carreira, empreendedora e pessoal, e, assim, ampliar seus conhecimentos continuamente, dentro das reais necessidades da sua jornada de vida.

Nunca sabemos o suficiente

É preciso nos conscientizarmos da necessidade de continuar aprendendo sempre, muito além do que normalmente estamos acostumados a considerar a partir do ensino formal. Diante dessa realidade, é necessário adotarmos uma postura aberta ao desenvolvimento constante do conhecimento.

O conceito de lifelong learning não se limita somente ao conhecimento acadêmico, pois reconhece que nem toda a aprendizagem vem de uma sala de aula do ensino formal. Hoje, diante dos resultados obtidos por grandes empreendedores, como Mark Zuckerberg e Bill Gates, entre muitos outros que não terminaram o ensino superior, fica evidente o fato de que a educação informal também tem características que levam ao sucesso.

Empresários obstinados que acreditam que o mais importante é continuar aprendendo constroem uma cultura com foco no aprendizado ao longo da vida como a maneira mais espontânea e eficaz de ter êxito em tudo o que fazem.

Existem diversas alusões, algumas populares e outras atribuídas a grandes pensadores, que falam da necessidade de aprendermos sempre, independentemente da área em que trabalhamos ou da nossa idade. Você já deve ter ouvido muitas frases parecidas com estas:

- "Quem acha que sabe tudo, nada sabe, nada vale" (dito popular);
- "A vida termina quando paramos de aprender" (dito popular);
- "Aquele que acha que sabe tudo se torna o maior dos ignorantes" (dito popular);
- "Quem sabe tudo é porque anda muito mal-informado" (Millôr Fernandes);
- "Achar que já sabe tudo é o princípio do fim" (Swami Raddhi Jyotirmay);
- "Quanto mais aprendo, mais descubro que pouco sei" (dito popular);
- "O ignorante acha que sabe tudo, o sábio entende que sempre há algo mais a aprender" (dito popular).

Se levarmos em consideração o significado desta frase, cuja autoria é atribuída a Albert Einstein, "A mente que se abre para uma nova ideia jamais voltará ao seu tamanho original", concluímos que buscar novas ideias por meio da ampliação do nosso conhecimento é uma estratégia pura de evolução do nosso potencial de realização.

Entre as frases que estamos acostumados a ouvir sobre esse tema, gosto particularmente de uma que diz: "Só sei que nada sei". Essa é a famosa frase atribuída ao filósofo grego Sócrates, na qual ele reconhece sua própria ignorância diante da imensidão de mistérios do universo. E ele também nos passa a mensagem de que não importa o quão sábios sejamos, sempre haverá algo a aprender.

A ilusão dos que pouco sabem

Na contramão das ideias sobre as quais estamos conversando, e apesar de haver tantas teorias defendendo a necessidade de ampliar nosso conhecimento constantemente, muitas vezes nos deparamos com um engano bastante comum: devido à falta de consciência das pessoas de que é preciso aprender sempre, acabamos vendo no dia a dia casos clássicos de empreendedores que se enganam sobre seu nível de conhecimentos, e se tornam vítimas do que chamamos de "efeito Dunning-Kruger", que diz: "Quanto menos uma pessoa sabe, mais ela acha que sabe".

David Dunning e Justin Kruger, dois professores de psicologia norte-americanos, investigaram esse fenômeno e observaram que, de fato, o que ocorre na prática é que as pessoas que menos sabem são as que se consideram as mais sábias, como se fossem especialistas num assunto, as donas da verdade e da razão.[46] Quanto menos embasamento elas têm para discutir um assunto, mais se apegam às suas visões limitadas e fazem questão de tentar sobrepor a opinião delas às argumentações de outras pessoas.

Isso se justifica quando lembramos que é bastante próprio do ser humano, por uma questão de ego, ter a tendência a supervalorizar as próprias qualidades. Costumo citar uma frase popular que joga um pouco de luz a esse tipo de comportamento: "Cada pessoa sempre acha que sua opinião é a correta. Caso não achasse, ela mudaria de opinião". Em resumo, isso significa que queremos ter razão mesmo quando estamos errados, e isso nos dá a ilusão de que somos "sábios o suficiente" para seja lá o que for.

A consequência desse tipo de postura, do "já sei o suficiente", é que, em geral, as pessoas que menos sabem são aquelas que menos investem em sua educação, em ampliar seus conhecimentos. Isso faz com que elas fiquem no caminho e não atinjam o sucesso. É sábio e saudável nos afastarmos disso e focarmos mais e mais no nosso

---

[46] O QUE é o efeito Dunning-Kruger. **Folha de S.Paulo**, dez. 2021. Disponível em: https://www1.folha.uol.com.br/webstories/cultura/2021/12/o-que-e-o-efeito-dunning-kruger/. Acesso em: 19 set. 2022.

aperfeiçoamento, e quando admitimos para nós mesmos que não sabemos tudo, abrimos as portas para seguir com o aprendizado.

A vida é dinâmica

Um empreendedor precisa, acima de tudo, posicionar a si mesmo como um eterno aprendiz. Quem não evolui comete suicídio empresarial; quem se acomoda estagna em uma falsa zona de conforto e perde energia e agilidade.

Costumo dizer que "pedra que não rola cria limo". Para manter-se saudável e produtivo é preciso colocar-se em movimento, estudando, aprendendo, experimentando e consolidando conhecimentos e experiências. A pedra do leito do rio enfrenta a correnteza, rola, movimenta-se. Assim, suas arestas são aparadas, ela ganha um formato mais curvilíneo, o que melhora sua aparência, e adquire mais dinamicidade. Em contrapartida, a pedra que fica às margens do rio permanece sempre igual, no mesmo lugar, cria limo e se perde no meio de tantas outras iguais a ela.

O movimento é fundamental para a vida, para a evolução do ser humano. A vida é dinâmica e exige que nos preparemos para os desafios e as dificuldades. O conhecimento é como a água do rio que empurra a pedra adiante, rumo ao aperfeiçoamento. A partir daí podemos compreender a importância de mergulharmos cada vez mais fundo nas águas do conhecimento.

A educação continuada envolve o conceito de que "nunca é cedo ou tarde demais para aprender" e faz parte das estratégias que têm sido adotadas pelas empresas e empreendedores mais bem-sucedidos da atualidade. Sempre é tempo para aprender! Faça dessa ideia um mantra para conduzir e proteger sua mente contra a estagnação e a soberba. Esse é um lema bastante relevante na vida de qualquer empreendedor, capaz de levar um profissional obstinado a se tornar imparável na busca do conhecimento que o levará a crescer e a construir o sucesso em médio e longo prazos.

Um eterno insatisfeito

Um dos maiores erros que a maioria das pessoas comete é o de se conformar com o que já têm, sem perceber que podem conseguir ainda mais. Não estou falando de uma questão de egoísmo, ganância, ingratidão ou de ser insaciável. É apenas um lembrete de que por mais que tenhamos conquistado muitos objetivos em nossa vida, nós nunca atingiremos o nosso limite – afinal, "o único limite que existe é aquele que impomos a nós mesmos".

Na verdade, nossos limites são como a linha do horizonte: quanto mais perto chegamos do ponto que nos parecia ser nosso objetivo final, mais adiante o horizonte se lança, convidando-nos a novos desafios, novas jornadas e novas conquistas. Assim é a dinâmica da vida: a cada desafio conquistado, ela nos lança outro maior, pois ela não aceita estagnação. Vida é evolução, transformação e crescimento contínuos.

O problema de muitos empreendedores é que quando eles alcançam um bom patamar em sua carreira perdem a motivação para seguir adiante. Eles se acomodam com o pouco que já conquistaram e abrem mão do muito que ainda há para conquistar. Por mais feliz que você esteja com suas conquistas, jamais se dê por satisfeito. Seja grato sim, mas nunca pare de lutar por algo a mais. Acredite, não importa aonde você chegou, sempre é possível ir além, e você é perfeitamente capaz de avançar e de conquistar mais.

Um empreendedor obstinado e adepto do lifelong learning entende que o fato de já ter conseguido aquilo que queria comprova o quanto ele é capaz e o estimula a buscar novas realizações. Ele também sabe que para ir mais longe precisa se preparar para dar conta das rápidas mudanças que caracterizam os dias de hoje, que exigem mais do que nunca inovação e evolução constantes se quiser permanecer competitivo e relevante.

Investir na capacidade de aprender e de se manter ativo é vital para alcançar realizações pessoais e profissionais. E a aprendizagem ao longo da vida é uma ferramenta natural que temos para nos ajudar a obtê-las.

Benefícios do lifelong learning

Incorporar a aprendizagem contínua em nossa rotina oferece muitos benefícios, como mostram os exemplos a seguir.

- **Renova a automotivação** – Descobrir, aprender e fazer o que nos inspira nos coloca no controle daquilo que queremos realizar. Nossa motivação vem da constatação de que realmente podemos fazer as coisas que desejamos, da certeza de que podemos realizar nossos planos e sonhos desde que nos preparemos adequadamente para isso.
- **Facilita o reconhecimento de interesses e objetivos pessoais** – Adquirir conhecimentos nos ajuda a reconhecer o que nos motiva como pessoas e torna a vida mais interessante. Além disso, torna mais claros quais são os nossos objetivos e abre novas portas, que podem se transformar em excelentes oportunidades futuras.
- **Proporciona melhoria nas habilidades pessoais e profissionais** – Ao nos dedicarmos a adquirir novos conhecimentos, construímos novas habilidades valiosas ou desenvolvemos as que já temos, o que nos ajuda a evoluir pessoal e profissionalmente.

➥ **Melhora a autoconfiança** – Obter novos conhecimentos ou desenvolver os que já temos nos torna mais experientes e habilidosos, o que aumenta a nossa autoconfiança. Esse novo nível de confiança pode vir da satisfação do aprendizado e do reconhecimento da nossa capacidade de aprender e aplicar os novos saberes na nossa vida.

Os quatro pilares do lifelong learning

Se você é um empreendedor obstinado que planeja expandir seus negócios e ter um sucesso fora da curva, acima da maioria dos profissionais; se os seus sonhos são realmente grandes e está em seus planos se tornar um milionário, o aprendizado contínuo deve fazer parte da sua estratégia de crescimento profissional e empresarial.

O lifelong learning é a base que amplia a sua capacidade de pensar além do que a maioria pensa, ajuda-o a desenvolver novas habilidades essenciais e lhe permite abrir novas portas, criando seu espaço onde bem poucos arriscariam se aventurar. O conceito de educação continuada está estruturado sobre quatro pilares, conforme mostra a figura:

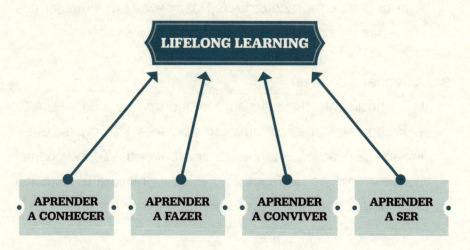

1. **Aprender a conhecer**

   É preciso estimular a nossa curiosidade por coisas novas. Precisamos descobrir o prazer pelo processo de compreender, aprender e construir conhecimento. Infelizmente, é bastante comum as pessoas verem a busca pelo aprendizado como uma obrigação a ser cumprida, o que acaba reduzindo o empenho de sempre continuarem a estudar.

   Desenvolvemos esse pilar quando estamos abertos à interação com as pessoas e à troca de informações, quando confrontamos e discutimos ideias, quando nos dedicamos a explorar novos assuntos. Para isso, a reflexão, a curiosidade e o questionamento precisam ser sempre estimulados. Com esse tipo de postura desenvolvemos autonomia, estimulamos o hábito de pensar e analisar as situações, ampliamos nosso senso crítico e nos dispomos a contribuir com os demais com aquilo que aprendemos.

2. **Aprender a fazer**

   Mas é preciso usar o que aprendemos. Ficar só na teoria reduz o aproveitamento do aprendizado e a retenção do conhecimento. A maior parte do aprendizado efetivo se deve a experimentarmos o que sabemos, a colocar em prática os novos saberes.

3. **Aprender a conviver**

   O conhecimento pode ser aprimorado por meio da interação e do compartilhamento com outras pessoas. Por isso trabalhar em equipe é tão importante. Trocar experiências é fundamental para a ampliação dos saberes. Ser colaborativo e ter empatia abre portas para que novos aprendizados sejam colocados à disposição de todos.

4. **Aprender a ser**

Esse pilar estimula as pessoas a serem autodidatas e a terem autonomia em suas escolhas a fim de aprenderem coisas novas. É importante entender que somos responsáveis pelo nosso aprendizado e desenvolvimento, que depende da nossa vontade e iniciativa de querermos nos aprofundar tanto quanto for necessário para atingirmos nossos objetivos.

Com a sua dedicação a cada um desses pilares, o lifelong learning vai lhe abrir novas oportunidades. Ampliando seus conhecimentos e habilidades, você conquistará lugares de destaque dentro da área em que resolver empreender. Mas não é apenas sua capacidade técnica que se beneficiará com educação continuada. Suas habilidades comportamentais – como inteligência emocional, comunicação, colaboração, proatividade e liderança, entre outras, todas bastante relevantes em um mundo dinâmico como o de hoje – também evoluirão.

Aprendendo a conviver e a interagir com as pessoas e colocando isso em prática diariamente, você ampliará seus conhecimentos e seu desenvolvimento em habilidades fundamentais em todos os setores de sua vida, e se tornará hábil em estabelecer bons vínculos sociais, ampliará sua capacidade de compreensão e desenvolverá ferramentas que lhe permitirão gerenciar melhor os conflitos interpessoais que porventura surgirem.

Se você já é um empreendedor obstinado, adotar o lifelong learning é uma estratégia que irá intensificar e melhorar tudo aquilo que você já faz com excelência, dedicação e determinação. O conhecimento lhe trará um potencial de realização muito maior e quando você colocar o que aprendeu em prática, seus resultados multiplicar-se-ão.

Cinco passos para adotar o lifelong learning

Como tudo o que vale a pena na vida, adotar um objetivo de educação continuada exige decisões, planejamento, comprometimento e ação. Acompanhe a seguir os principais pontos que você precisa avaliar para ter os melhores resultados com o lifelong learning.

1. Reconheça seus próprios interesses

    A aprendizagem ao longo da vida diz respeito a você mesmo e sobre o que quer realizar. Reflita sobre coisas pelas quais você é apaixonado, sobre o que você imagina para o seu futuro, sobre o que o faz feliz e se sentir realizado. Reconheça quais são seus interesses e objetivos pessoais e avalie o quanto cada um deles é importante na sua vida. A partir desses pontos, perceba quais seriam os novos conhecimentos que você gostaria ou precisaria adquirir.

2. Faça uma lista do que você gostaria de aprender

    Depois de identificar o que o motiva, explore o que existe de disponível sobre seu interesse ou objetivo específico que você deseja alcançar. Faça uma lista das possibilidades à disposição para obter os conhecimentos necessários e, então, avalie quais formas de aprendizagem melhor se adequam ao que você pretende.

3. Identifique como você gostaria de se envolver com esse aprendizado

    Avalie como você gostaria de se envolver com o aprendizado e os recursos disponíveis, pesquise bastante para ficar claro a melhor maneira de aprender e identifique como você pode dar início ao seu estudo. Lembre-se de que para alcançar seus objetivos, o primeiro passo é descobrir como começar. Defina os caminhos a serem seguidos e se envolva de verdade com a forma escolhida.

4. Estruture a meta de seu aprendizado
Encaixar uma nova meta de aprendizado em sua vida exige um bom planejamento, que considere o esforço extra que deverá ser feito. É preciso arranjar tempo para essa nova atividade para que ela seja viável. Compreender o tempo e o esforço que você pode dedicar ao seu estudo irá ajudá-lo a manter o objetivo no longo prazo. Planeje com cuidado como encaixar essa nova atividade em sua vida.

5. Assuma o compromisso
O passo final – e talvez o mais importante de todos – é você se comprometer com sua decisão de buscar novos conhecimentos, de se envolver com um processo de aprendizado. Uma vez que você tenha definido expectativas realistas e tenha motivação para tocar esse projeto em frente, comprometa-se a fazer o que for preciso para colher os frutos que você espera dessa empreitada.

Eternos aprendizes

Nós, seres humanos, temos um impulso natural para explorar, crescer e evoluir sempre, baseados no que aprendemos. Somos aprendizes por natureza e buscamos juntar conhecimento ao longo da nossa vida. Nascemos com uma curiosidade intrínseca, uma capacidade nata para aprender, e nossa aprendizagem ocorre sem parar, com as nossas interações diárias com os outros e com o mundo ao nosso redor. É a nossa capacidade de aprender constantemente que nos permite continuar crescendo e nos desenvolvendo.

A aprendizagem ao longo da vida é uma maneira segura de permanecermos engajados e relevantes no que fazemos, mesmo que as constantes mudanças no mundo atual se tornem a regra e não a exceção. Assim, a ideia do lifelong learning nos encoraja a melhorar nossa própria qualidade de vida e nossa autoestima, focando a atenção nas ideias e objetivos que nos inspiram.

Hoje, a maioria das pessoas aprende algo novo por meio de conversas, navegando na internet, lendo um bom livro ou participando de eventos ou reuniões de interesse pessoal. No entanto, quando fazemos algum esforço para obter novos conhecimentos, nosso aprendizado se torna mais direcionado, intensifica-se e acelera. Passamos a aproveitar muito mais o que aprendemos, ficando mais fácil colocar tudo em prática e obter melhores resultados tanto pessoal quanto profissionalmente.

Tudo o que precisamos para tirar o melhor proveito da busca por novos saberes é nos compromissar com o aprendizado constante. Embora seja natural ao ser humano, ele é também um ato voluntário e automotivado, que pode ou não ser utilizado para alcançarmos nossos objetivos. Para acontecer, o estudo constante precisa da nossa decisão e das nossas ações subsequentes, temos que ser proativos em relação à nossa aprendizagem ao longo da vida.

O empreendedor que se assume como um eterno aprendiz jamais se satisfaz com seus resultados e vitórias, está sempre com fome de novos conhecimentos, experiências e descobertas, e molda continuamente sua maneira de ver, pensar e agir, assim como aperfeiçoa seu relacionamento consigo mesmo, com as pessoas e com o mundo, que não para de mudar.

Empreendedores obstinados e com mentalidade de crescimento priorizam o lifelong learning para desenvolver habilidades novas e úteis de maneira consistente e satisfatória. Para eles, aprender continuamente é imperativo e não uma opção, já que é assim que se mantêm inovando, sonhando, explorando e buscando novas ideias. Aprendendo novas habilidades, eles estão sempre à frente, mesmo com desafios inesperados, pois estão mais aptos a se adaptar às mudanças e manter seus negócios equilibrados e dinâmicos.

Como eternos aprendizes, a prática do lifelong learning os encoraja a criar e manter uma atitude positiva em relação ao estudo, a fim de melhorar sua qualidade de vida e sua autoestima, focando nas ideias e objetivos que os inspiram e refletem pelo que eles são apaixonados, e o que imaginam para seu futuro.

O empreendedor obstinado que adota o lifelong learning como prática fica mais seguro e consciente de que empreender em um mundo como o de hoje pode ser como andar na corda bamba devido aos riscos frequentes e à velocidade com que tudo muda diariamente. Por isso, ele enxerga o aprendizado contínuo como uma ferramenta vital para enfrentar os contratempos do dia a dia. Com o lifelong learning, o empreendedor de sucesso cria pontos de equilíbrio que favorecem seu crescimento e tornam sua jornada empreendedora uma viagem rumo ao sucesso e à realização.

12

Somando forças com outros obstinados

Como já é possível concluir depois de tudo o que conversamos, ser ou se tornar um obstinado é um dos requisitos principais para criar as bases do sucesso e da fortuna em sua vida. Se você já é ou está pronto para se tornar um obstinado, siga em frente e coloque em prática todas as sugestões que encontrou neste livro.

Aprenda a gerenciar melhor seus sentimentos e emoções para se tornar mais positivo e eficaz em seus pensamentos e ações e desenvolva técnicas que favoreçam ou potencializem sua obstinação. Estude, aplique no dia a dia, viva experiências, participe de cursos e atividades que o ajudem a construir as bases do empreendedorismo obstinado.

Entre os recursos disponíveis que favorecem a obstinação, experimente conhecer e participar do movimento Os Obstinados. Trabalhe lado a lado às pessoas que se superam a cada dia e sempre dão o próximo passo em sua evolução, preparando-se para conquistar o sucesso e a prosperidade.

Os Obstinados é um movimento que criei para gerar sinergia entre as pessoas e ajudá-las a conhecer e aplicar as principais chaves para trazer riqueza às suas vidas. Nele, abordo temas como empreendedorismo, desenvolvimento pessoal e profissional, carreira, mercado, sucesso, liderança e criação de riqueza, além de focar na importância das habilidades socioemocionais, pois essa é uma área fundamental para construir relacionamentos de qualidade, que levam a resultados em patamares mais elevados.

Esse movimento ajuda a impulsionar vidas e carreiras. Contamos com convidados diferenciados, um grande time de experts e personalidades, e por meio dele trocamos muitas ideias e fornecemos insights para quem está interessado em se tornar um obstinado e usar isso para ser bem-sucedido. Assim, o movimento se torna uma mentoria potente, uma ótima oportunidade para você se inspirar e dar uma guinada em sua vida.

Se você decidiu que chegou a hora de transformar a sua vida, a sua história e o seu destino, a partir de agora você tem à disposição uma ferramenta especial que pode transformá-lo em um verdadeiro obstinado. Junte-se ao movimento Os Obstinados e seja um criador de riquezas, conquistando sua liberdade financeira, entre outras grandes vitórias.

Regras gerais do movimento Os Obstinados

Como todo movimento que visa fazer diferença positiva na vida das pessoas e no mundo, o movimento Os Obstinados também tem suas regras, afinal, todo grupo de pessoas que tem um objetivo coletivo forte e pretende angariar forças e se dedicar a um propósito precisa harmonizar o modo de pensar e agir de seus membros. Dessa maneira, foram criados dois conjuntos de regras básicas para orientar os participantes:

1. O primeiro conjunto contém *As regras práticas* de participação no movimento e em suas atividades.

2. O segundo grupo contém *As regras comportamentais*, as regras conceituais para os membros do movimento – falam basicamente sobre comportamentos e posturas desejáveis e esperadas dos associados.

Partimos do princípio de que, uma vez que as regras são necessárias para nos ajudar a coordenar nosso movimento e energia para uma mesma direção, quebrar qualquer uma delas é sinônimo de fracasso. Mas sabemos que um obstinado não fracassa porque ele não quebra essas regras.

Para ser um verdadeiro obstinado, para ser parte ativa e atuante do movimento Os Obstinados e efetivamente atuar como um forte membro dele e colher os frutos dessa decisão, convido você a conhecer de perto as nossas regras.

Regras práticas de participação no movimento Os Obstinados e em suas atividades

Regra 1: inscrever-se no movimento Os Obstinados, no formulário em https://www.janguiediniz.com.br/contato.

Regra 2: assinar um termo de compromisso afirmando que vai se tornar um obstinado na busca pelo sucesso.

Regra 3: acompanhar, participar e interagir nas redes sociais do movimento, como Instagram, Telegram, WhatsApp, YouTube, Facebook e LinkedIn, e outras que forem adotadas.

Regra 4: estabelecer relacionamentos sérios, responsáveis e produtivos com outros membros do grupo, em especial via redes sociais.

Regra 5: manter-se atualizado quanto às ações e eventos.

Regra 6: acompanhar e participar dessas ações e eventos, como visitas ao site oficial, lives, palestras, cursos, reuniões on-line, workshops etc. Priorizar, valorizar e praticar a interação responsável e produtiva com os membros do grupo.

Regra 7: acompanhar tudo o que é publicado e oferecido aos integrantes do movimento.

Regra 8: participar das discussões dos temas propostos.

Regra 9: ler, estudar e discutir a literatura indicada.

Regra 10: trabalhar no sentido de promover e ampliar o movimento Os Obstinados.

Regra 11: sempre pautar suas ações, dentro e fora do movimento, pelo que é certo, pela ética, pela honestidade e pela integridade. Deixar um rastro exemplar, digno de ser seguido por quem deseja fazer uma diferença positiva no mundo.

Regra 12: seguir fielmente as regras, tanto as práticas quanto as comportamentais.

Regras comportamentais do movimento Os Obstinados

Regra 1: para ser um obstinado é preciso decidir ser um.
- Você precisa decidir ser um obstinado para realmente se tornar um. Você já decidiu?
- Você deve acordar todos os dias pensando em cada um dos seus objetivos diários, em cada um dos seus sonhos e propósitos de vida, e decidir que naquele dia irá trabalhar para conquistar todos eles.

Regra 2: para ser um obstinado é preciso desenvolver uma programação mental para o sucesso e para a riqueza financeira. Para isso você precisa:

- Modelar sua mente e programá-la para esses objetivos;
- Sentir-se merecedor do que almeja, do sucesso e da prosperidade que busca;
- Ter claro que a luta pelo sucesso e pela bonança só aceita 100% de dedicação e de entrega.

Regra 3: para ser um obstinado é preciso ter sonhos grandes. Você deve:

- Ter sonhos grandes e impossíveis. Eles têm que ser maiores dos que aqueles que você sonhou antes;
- Transformar seus sonhos em um projeto de vida e criar estratégias para realizá-los. Você não pode ficar apenas nos sonhos e eles devem ir muito além do que você espera;
- Partir para a ação dirigida e determinada para realizar tudo o que pretende;
- Não poupar sacrifícios e esforços para transformar seus sonhos em realidade;
- Entender que seus sonhos são mapas para o sucesso, que lhe dão o caminho para a realização. E se você sonha, você pode realizar;
- Tornar-se um guerreiro que converte seus sonhos num plano de vida e que sempre consegue realizá-los;
- Ter sempre em mente um sonho a empreender. Quando você transforma um sonho em realidade, já tem outro sonho e recomeça. E assim segue, sem parar.

Regra 4: para ser um obstinado é preciso ser resiliente. Você tem que:

- Saber que cada tombo proporciona o preparo necessário para subir o próximo degrau;
- Estar consciente de que mesmo que tenha que retroceder algumas vezes, isso é bom para preparar um avanço mais assertivo e contundente;
- Lembrar-se de que a rota é sempre ascendente, rumo ao êxito e à prosperidade.

Regra 5: para ser um obstinado é preciso valorizar o aprendizado constante, procurar adquirir novos conhecimentos incessantemente. Para tanto, é necessário:

- Valorizar e buscar a educação e atualizar constantemente seus conhecimentos;
- Saber que por meio do aprendizado e da busca por conhecimento você está construindo as bases de um sucesso sólido e permanente;
- Entender que o maior inimigo da vitória é a ignorância, que ela é a mãe de todos os males e que não há nada mais assustador do que ela.

Regra 6: para ser um obstinado é preciso seguir os modelos de sucesso. Você precisa:

- Perceber que é muito útil reproduzir o comportamento daqueles que já conquistaram os resultados que você quer alcançar;
- Aceitar e usar com sabedoria o fato de que não há necessidade de reinventar a roda, basta usá-la. Não é necessário inventar todas as soluções, também é sábio e produtivo usar respostas já encontradas por outras pessoas de sucesso;

Somando forças com outros obstinados

- Entender que não há problema em "copiar" o que grandes homens e mulheres bem-sucedidos fizeram e fazem de bom no mundo e aplicar as mesmas ideias e atitudes em sua vida e em seus negócios, gerando, dessa forma, um atalho para a sua evolução e para o crescimento de seu empreendimento.

Regra 7: para ser um obstinado é preciso ser proativo e trabalhar bastante, mas trabalhar com inteligência. Assim, você deve;

- Compreender que empreendedorismo significa, acima de tudo, ter ousadia e coragem para correr riscos, ser determinado e proativo;
- Ter uma boa motivação, que lhe dê forças para ser proativo, pois é isso que o faz começar e seguir em frente;
- Saber que proatividade é muito mais do que apenas trabalhar muito. É, especialmente, trabalhar com inteligência.

Regra 8: para ser um obstinado é preciso construir um networking de qualidade. Para alcançar isso, é necessário:

- Ter a habilidade de criar e manter contatos ativos e dinâmicos, formando um grupo de pessoas que se apoiam na busca de seus objetivos;
- Saber agir de maneira direcionada para a construção e manutenção de bons relacionamentos;
- Ter em mente que o networking é uma excelente forma de cultivar relações profissionais e pessoais, e que fortalece amizades, estreita laços familiares, alavanca negociações profissionais e explora oportunidades no mercado;
- Lembrar-se sempre que praticar um networking assertivo é ativar um processo que leva a resultados que vão muito além de simplesmente manter um grupo de contatos.

➡ Compreender e praticar o princípio de que fazer networking é construir uma rede de relações poderosas para trocar experiências e informações e potencializar oportunidades por meio dos relacionamentos.

Regra 9: para ser um obstinado é preciso pensar e agir com positividade. Você deve:

➡ Entender que o otimismo é um forte aliado da resiliência, do trabalho íntegro e produtivo e do empreendedorismo e que, com essas ferramentas, você pode conquistar tudo;

➡ Ter a convicção de que não importa quais eram as suas condições quando começou, ou quais são as suas condições atuais, você pode alcançar tudo o que ousar sonhar;

➡ Entender que é capaz de seguir em frente em sua jornada e descobrir como chegar lá. Sempre colocar o pé na estrada e realmente atingir seu objetivo;

➡ Jamais fazer papel de vítima, não se sentir um miserável, um coitadinho, e nunca dizer não ter sorte. Ainda, não reclamar da vida e afastar qualquer energia derrotista.

Regra 10: para ser um obstinado é preciso ser criativo e inovador. Para atingir esse objetivo é preciso:

➡ Saber que a criatividade é o que faz o ser humano superar a maioria de seus problemas e que ela pode ser desenvolvida. Qualquer pessoa pode ser criativa, basta ter os estímulos corretos e se dedicar;

➡ Compreender que criatividade e inovação são conceitos diferentes, e que é a aplicação ou a prática da criatividade que gera a inovação;

➡ Entender que inovar é usar a criatividade como ferramenta para descobrir novas soluções.

Regra 11: para ser um obstinado é preciso empreender, inicialmente na vida e depois nos negócios. Para isso você tem que:

- Entender que o empreendedorismo não é apenas um "conceito econômico", não consiste apenas em criar empreendimentos e empresas. Ele possui uma conotação social cujo preceito ético se fundamenta em criar coisas para gerar utilidades e benefícios para o bem comum;
- Ter consciência de que antes de empreender no CNPJ, a pessoa tem que empreender em seu CPF, ou seja, em sua vida, pois deve ter a consciência de que ela – e somente ela – é a maior empreendedora da sua história;
- Entender que o empreendedorismo é atitude, ação, proatividade, estado de espírito, estilo de vida;
- Ter a convicção de que empreender consiste em criar e fazer acontecer, em transformar pensamento em ação e sonhos em realidade;
- Considerar que o empreendedorismo é uma mistura de dom e arte, que pode ser desenvolvida com a prática;
- Aceitar a ideia de que todas as pessoas já nascem com o dom de empreender, umas menos, outras mais; porém, se a pessoa for estimulada, com a prática pode desenvolver esse dom.

Regra 12: para ser um obstinado é preciso procurar investir bem seu dinheiro, não importa qual seja o valor. Para esse fim você deve:

- Aprender a guardar e a aplicar a maior quantidade de dinheiro que conseguir;
- Fazer uma boa reserva, que lhe proporcione uma renda passiva;

- Diversificar seus investimentos, ou seja, investir em renda fixa e renda variável (ações, moedas, fundos, opções, commodities etc.);
- Implementar um bom controle da carteira de investimentos;
- Ter paciência constante e disciplina genuína como investidor;
- Estudar técnicas de investimento e pôr em prática o que aprender.

Regra 13: para ser um obstinado é preciso ser determinado, disciplinado e comprometido com seus projetos. Para essa finalidade você precisa:

- Nunca querer menos do que sabe que merece;
- Sempre querer mais do que os outros, porque sabe que isso é um motivador para realizar mais;
- Esforçar-se e dedicar-se mais do que os outros quando a questão é realizar o que planejou;
- Fazer mais do que o necessário para cumprir as tarefas e materializar seus ideais e seus propósitos de vida.

Regra 14: para ser um obstinado é preciso exercer o protagonismo, jamais ser um coadjuvante. É preciso, então:

- Ser totalmente o protagonista da sua história, ou seja, não ser somente o ator principal, mas também o escritor, o roteirista e o diretor do filme da sua vida;
- Controlar a sua vida. Você jamais deve terceirizar a sua história e o seu destino;
- Ser o herói da sua trajetória, cumprindo a sua jornada e superando todos os obstáculos.

Regra 15: para ser um obstinado é preciso ser ágil e assertivo. Agilidade é o ponto principal do jogo. Para tanto você tem que:

- Viver em ritmo acelerado e direcionado para seus objetivos;

- Avançar de modo muito rápido para aquilo que deseja;
- Jamais perder tempo com coisas inúteis;
- Aproveitar tudo o que está à sua disposição e não gastar energia reclamando do que lhe falta.

Regra 16: para ser um obstinado é preciso ter equilíbrio sempre. Você necessita:

- Estar sempre em harmonia, estabelecendo o equilíbrio das diversas formas de riqueza na sua vida: financeira, espiritual, profissional, saúde, contribuição e família.

Regra 17: para ser um obstinado é preciso energia e ação. Com tal intuito você precisa:

- Colocar toda sua energia em ação para converter seus sonhos e suas ideias em planos e estratégias concretas e, assim, concretizá-los;
- Ousar, agir e inovar, mesmo correndo riscos, para implementar suas ideias e atingir seus objetivos;
- Recusar-se a viver no lugar comum, no piloto automático, e nunca aceitar o comodismo;
- Pensar por conta própria e ser forte na execução de suas ideias.

Regra 18: para ser um obstinado é preciso ser um "resolvedor de problemas". Ou seja, é necessário:

- Ser criativo, assertivo, proativo e um "resolvedor de problemas". O mundo pertence a quem resolve problemas, a quem tem soluções e faz disso sua principal estratégia empreendedora;
- Encontrar as melhores maneiras de superar todas as adversidades e seguir seu caminho, não importa quais sejam os desafios ou problemas que surgirem pela frente;

- Ser mestre em transformar cada contratempo em oportunidade;
- Olhar para os obstáculos como estímulos e enfrentá-los de maneira positiva, elevando sua capacidade de empreender e ampliando seus resultados.

Regra 19: para ser um obstinado é preciso ser imparável. Você deve:

- Agir e fazer acontecer o tempo todo. Não deve parar nunca e nem dar espaço para pessoas com potencial de fazê-lo desistir da sua caminhada;
- Compreender e aceitar que pode até demorar um pouco mais para avançar diante de algumas dificuldades, mas jamais deve parar;
- Ter como pensamento que a vida é uma "questão de fazer até dar certo e não se der certo";
- Ser totalmente convicto de que conseguirá atingir aquilo que busca, nunca duvidar do próprio sucesso seja qual for a empreitada a que se dedique;
- Não aceitar que algo é impossível. Ter plena consciência de que o "impossível" é feito de "várias partes possíveis" quando você age com a determinação, a dedicação, o compromisso e o planejamento necessários; e saber dividir um problema complexo em pequenas partes mais simples para resolvê-lo de modo mais efetivo e organizado. Ou seja, fazer do impossível um desafio e resolvê-lo.

Regra 20: para ser um obstinado é preciso ser um inconformado compulsivo e até patológico. É preciso ser um eterno inconformado. Você precisa ser:

- Um inconformado patológico e não se satisfazer com o que conquistou, querendo e fazendo sempre mais;

- Imparável e nunca descansar sobre os louros da vitória. Deve transformar cada conquista em estímulo para a próxima jornada;
- Totalmente indócil. Seu inconformismo e sua vontade de fazer sempre mais devem ter tamanho potencial interior ao ponto de revolucionar a realidade.

Regra 21: para ser um obstinado é preciso ter um estado de espírito elevado. Assim, você deve:

- Lembrar-se de que a obstinação é um estado de espírito, um estilo de vida, em que o único resultado aceitável é ser um vencedor, seja na vida pessoal, seja nos negócios;
- Possuir um estado de espírito elevado, que o mova sempre para a vitória, para a realização e para o bem comum;
- Amar a vida e respeitá-la, vivendo intensamente cada momento;
- Sempre entregar o seu melhor para a vida e para todos, e conhecer a verdadeira importância de crescer e contribuir.

Regra 22: para ser um obstinado é preciso ser inspirador e motivador. É preciso:

- Ser uma inspiração em seu modo de ser, pensar, agir e conquistar o que deseja;
- Motivar e estimular positivamente sua família, seus amigos e as pessoas ao seu redor;
- Não se esquecer de que o sucesso deixa rastros e fazer questão de mostrar seu caminho rumo a ele para que outros possam segui-lo;
- Plantar boas sementes e ser influência positiva por onde passar para que outros também possam plantar e ser bem-sucedidos.

Regra 23: para ser um obstinado é preciso ser justo e solidário. Você não pode:

- Pisar nos outros nem usá-los como degraus para subir na vida. Usar as pessoas em benefício próprio ou para atingir seus objetivos não deve fazer parte da sua escalada;
- Subir na vida sem ajudar as pessoas. Você deve levar para o topo todos aqueles que participaram da sua jornada. Assim, você construirá um sucesso consistente e duradouro;
- Deixar alguém para trás.

Regra 24: para ser um obstinado é preciso viver em humildade e gratidão. Você deve:

- Ser sempre muito grato e otimista quanto ao futuro. Embora seja um eterno inconformado, que sempre quer realizar mais na vida, nunca deixe de lado a humildade de reconhecer e agradecer pelos bens e pelas vitórias que conquistou;
- Comemorar e agradecer sempre por tudo o que tem na vida. Se você recebe uma bênção, agradeça por ela. Se é um desafio que lhe chega às mãos, agradeça pela chance de crescer e contribuir ainda mais;
- Ter a gratidão e a humildade como duas ferramentas para lidar com os contratempos da vida;
- Manter a modéstia e o otimismo como um sinal de que sempre vai receber uma nova chance de se superar e ir além, e como forma de acreditar que tudo com o que se sonha é possível realizar.

Manifesto do movimento Os Obstinados

Ser obstinado significa ser ousado, corajoso, determinado, dedicado, disciplinado, compromissado, perseverante, focado, otimista, positivo; enfim, ser um guerreiro imparável, que tem sonhos grandes e impossíveis, que transforma em projetos de vida e faz grandes sacrifícios para transformá-los em realidade. E que, depois disso, idealiza outro sonho maior ainda e recomeça a caminhada, seguindo assim sucessivamente.

Decidir pela obstinação significa não terceirizar sua história nem seu destino, é ser o herói da própria vida e viver em movimento constante e em harmonia com as diversas formas de riqueza, em rota ascendente de sucesso e prosperidade.

Os obstinados agem, fazem acontecer e não param nunca. Eles têm como mandamento que a vida é "uma questão de fazer até dar certo e não apenas se der certo" e sabem que, por meio da educação e de aprendizagem contínua, aliados à resiliência, ao trabalho íntegro e ao empreendedorismo, podem conquistar tudo, independentemente de onde vieram e do *status quo* em que vivem.

O maior inimigo dos obstinados é a ignorância, pois ela é "a mãe de todos os males" – lembre-se sempre: não há nada mais assustador do que a ignorância em ação. Não importa onde iniciam a jornada, eles sempre descobrem como chegar aos seus objetivos e como superar os dissabores, não importa quão difíceis sejam, e seguir adiante.

Apesar de serem imensamente gratos, os obstinados são inquietos e muito otimistas. Eles enxergam seus sonhos como mapas para a vitória e usam toda a sua energia para converter suas ideias em planos e estratégias que lhes permitem alcançar seus propósitos.

Eles não se vitimizam – não se veem como "miseráveis", "coitadinhos" ou "sem sorte" – e nunca reclamam da vida. Também não vivem no "automático", no "lugar comum", na "mesmice", "na zona de conforto", jamais pisam em alguém para subir na vida, nunca deixam ninguém para trás e inspiram e motivam todos ao seu redor.

Pensando por conta própria, os obstinados têm em mente que o impossível é feito de "várias partes possíveis" quando se age com persistência, esforço, comprometimento e planejamento. Eles querem sempre mais do que os outros, esforçam-se e fazem mais do que o necessário para cumprir suas tarefas e materializar seus ideais.

Donos de uma imensa força interna, eles são capazes de revolucionar sua realidade, ao mesmo tempo amando e respeitando a vida, vivendo de modo intenso e entregando sempre o seu melhor.

A obstinação é um estado de espírito, um estilo de vida, sendo o único resultado aceitável vencer tanto na vida pessoal quanto nos negócios.

Oração dos obstinados

Os obstinados praticam diariamente a "Oração das 12 chaves para a criação de riquezas":

> Hoje **decidi mudar de vida** e essa decisão veio do fundo do meu coração.
> Alterei consideravelmente minha **programação mental**. Hoje compreendo e percebo os padrões que tive para deles tirar as aprendizagens necessárias para me tornar o que eu quiser ser. Minha mente é controlada por mim, observo-me, cuido da minha vida e dou aos outros o direito de ser quem são. Ajudo sempre que sou solicitado.

A minha competição é comigo mesmo e, por conta disso, tenho **sonhos grandiosos**, que se tornam meus propósitos de vida.

Por meio de muita **resiliência**, adquiro **conhecimento** diuturnamente e o aplico, sempre modelando as pessoas que escolhi como modelos para me inspirar a melhorar a cada dia, com o intuito de ser hoje melhor do que fui ontem, amanhã melhor do que sou hoje e depois de amanhã melhor do que serei amanhã, buscando, assim, ser sempre a minha melhor versão.

Meu **trabalho** é constante. Trabalho com a mente e com o coração e tenho muito amor, paixão e tesão por tudo que faço.

Como um eterno aprendiz, crio redes de relacionamentos e um **networking** de qualidade, com o objetivo de compartilhar projetos e propósitos, dividindo amor e conhecimento nas diversas relações que alimento diariamente.

Sigo minha jornada diária com muita inspiração e **fé** na força celestial eterna, alimento sagrado, sempre com **otimismo** e **positividade**, doutrinando meus sentimentos, meus pensamentos e minhas ações na oração e na vigília.

Uso minha **criatividade** e meu **poder de inovação** para fazer diariamente o meu melhor com as ferramentas que tenho disponíveis. Todos os dias, estudo, trabalho e batalho de maneira árdua e extenuante, para criar e inovar mais e mais, na vida, nos negócios, na sociedade e no mundo, pois para mim não existem limites, somos seres ilimitados.

Uso o **empreendedorismo** para empreender, primeiramente em meu CPF e em minha vida, para depois empreender em CNPJs e empresas, e, com isso, encontrar o caminho das riquezas desta existência, inclusive a financeira. Amor ao próximo é a força motriz que me conduz, contribuição é meu combustível principal. Sim, sou merecedor de todos os tipos de fortuna, e todos que me cercam são prósperos e felizes como eu.

Por meio de **investimentos** lícitos e calculados sustento meu sonho de ser bem-sucedido na empreitada chamada **vida**. Amém.

Mantra da riqueza dos obstinados

Eu sou um empreendedor vencedor, poderoso, extraordinário, bilionário e rico em juventude, vitalidade, energia, força de vontade, ousadia, coragem, determinação, disciplina, dedicação, compromisso, foco, persistência, paciência, otimismo, positividade, autoconhecimento, motivação e autoconfiança. Tenho autoestima elevada, boas ideias, criatividade e inovação, dons louváveis, propósitos firmes e valores verdadeiros, amor, amizades, humildade, gratidão. Principalmente, sou dono de uma força espiritual extraordinária, que recebo da iluminação divina. Eu sou um obstinado imparável.

O que fazer para participar do movimento Os Obstinados

Chegou a hora de transformar sua vida, sua história e seu destino. A partir de agora, transforme-se em um obstinado.

Para participar do movimento e se tornar um obstinado busque mais informações no site: **www.janguiediniz.com.br** ou pelas redes sociais **@janguiediniz** – use as hashtags **#movimentoDosObstinados, #TriboDosObstinados**.

Junte-se ao movimento Os Obstinados, seja um empreendedor de sucesso e conquiste sua liberdade financeira, entre outras grandes vitórias.

Seja bem-vindo para somar forças nessa sinergia que vai mudar o mundo que você conhece hoje!

13

O termômetro do fodido obstinado

Para desenvolver o seu caráter de empreendedor fodido obstinado, antes de qualquer coisa é preciso que você saiba em que patamar está hoje para depois poder traçar um plano que aumentará a sua obstinação na direção correta. Afinal, para chegar a qualquer lugar você precisa de três informações cruciais:

1. Saber para onde você quer ir;
2. Ter um mapa ou um plano de viagem;
3. Saber em que ponto você está, de onde está partindo.

Por exemplo, se você está em Salvador e quer ir para São Paulo, deve pegar estradas que o levem em direção ao sul. Porém, se você está em Porto Alegre e quer chegar a São Paulo, deverá ir em direção ao norte.

Logo, saber qual é o seu ponto de partida, ter consciência de quem você é e em que situação está é fundamental para que possa traçar uma estratégia para se tornar (ou potencializar) a sua jornada rumo a se tornar um empreendedor fodido obstinado verdadeiro e poderoso.

E é exatamente neste ponto que nos encontramos agora. Em uma avaliação para que você possa determinar o seu ponto de partida para começar a sua jornada rumo a ser um Fodido Obstinado. É a partir desse ponto que você deverá se organizar para construir uma estratégia que irá potencializar e alavancar o seu sucesso.

Para ser um verdadeiro empreendedor fodido obstinado é preciso que seu sangue corra quente em suas veias – quanto mais quente melhor; se ferver será o máximo. Por isso, criei um teste que chamei de Termômetro do Fodido Obstinado para comparar a temperatura do seu sangue à do sangue nas veias de um autêntico representante desse tipo de empreendedor.

A seguir listei algumas das principais atitudes de um empreendedor fodido obstinado. Analise-as e veja em quais delas você se enquadra e com que frequência as pratica. Marque um "X" na opção que mais representa as suas atitudes em relação a cada situação.

1. Acordo todos os dias pensando em meus objetivos diários, em cada um dos meus sonhos e propósitos de vida, e me comprometo que naquele dia irei trabalhar para conquistar todos eles.

   QUANDO VOCÊ TEM ESSA ATITUDE?
   ☐ NUNCA
   ☐ RARAMENTE
   ☐ ÀS VEZES
   ☐ COM FREQUÊNCIA
   ☐ QUASE SEMPRE

2. Eu me sinto merecedor do que almejo, do sucesso e da riqueza financeira que busco. Portanto, nada pode me parar.

   QUANDO VOCÊ TEM ESSA ATITUDE?
   ☐ NUNCA
   ☐ RARAMENTE
   ☐ ÀS VEZES
   ☐ COM FREQUÊNCIA
   ☐ QUASE SEMPRE

3. Tenho sonhos em andamento, dia após dia. Quando transformo um sonho em realidade, imediatamente busco outro para realizar.

QUANDO VOCÊ TEM ESSA ATITUDE?
- ☐ NUNCA
- ☐ RARAMENTE
- ☐ ÀS VEZES
- ☐ COM FREQUÊNCIA
- ☐ QUASE SEMPRE

4. Estou consciente de que mesmo que tenha que retroceder algumas vezes, isso é bom para preparar um avanço mais assertivo e contundente na minha jornada rumo ao sucesso.

QUANDO VOCÊ TEM ESSA ATITUDE?
- ☐ NUNCA
- ☐ RARAMENTE
- ☐ ÀS VEZES
- ☐ COM FREQUÊNCIA
- ☐ QUASE SEMPRE

5. Valorizo a busca por educação e a atualização constante de meus conhecimentos, compreendendo que o maior inimigo do sucesso é a ignorância, pois ela é a mãe de todos os males.

QUANDO VOCÊ TEM ESSA ATITUDE?
- ☐ NUNCA
- ☐ RARAMENTE
- ☐ ÀS VEZES
- ☐ COM FREQUÊNCIA
- ☐ QUASE SEMPRE

6. Reproduzo o comportamento daqueles ao meu redor que já conquistaram os resultados que quero alcançar, gerando, dessa forma, um atalho para a minha evolução e para o crescimento dos meus empreendimentos.

QUANDO VOCÊ TEM ESSA ATITUDE?
- ☐ NUNCA
- ☐ RARAMENTE
- ☐ ÀS VEZES
- ☐ COM FREQUÊNCIA
- ☐ QUASE SEMPRE

7. Tenho boa motivação, que me dá força e energia para ser proativo, sabendo que a proatividade é o que me faz começar, empenhar-me e seguir trabalhando pelos meus sonhos.

QUANDO VOCÊ TEM ESSA ATITUDE?
- ☐ NUNCA
- ☐ RARAMENTE
- ☐ ÀS VEZES
- ☐ COM FREQUÊNCIA
- ☐ QUASE SEMPRE

8. Crio e mantenho contatos ativos e dinâmicos, formando um grupo de pessoas que se apoiam entre si na busca de seus objetivos, gerando uma sinergia que traz ganhos para todos.

QUANDO VOCÊ TEM ESSA ATITUDE?
- ☐ NUNCA
- ☐ RARAMENTE
- ☐ ÀS VEZES
- ☐ COM FREQUÊNCIA
- ☐ QUASE SEMPRE

9. Ajo de maneira direcionada para a construção e a manutenção de bons relacionamentos. Sou ativo e presente nesses relacionamentos.

QUANDO VOCÊ TEM ESSA ATITUDE?
- ☐ NUNCA
- ☐ RARAMENTE
- ☐ ÀS VEZES
- ☐ COM FREQUÊNCIA
- ☐ QUASE SEMPRE

10. Faço networking de modo a construir uma rede de relações poderosas para trocar experiências e informações e potencializar o surgimento de oportunidades para todos.

QUANDO VOCÊ TEM ESSA ATITUDE?
- ☐ NUNCA
- ☐ RARAMENTE
- ☐ ÀS VEZES
- ☐ COM FREQUÊNCIA
- ☐ QUASE SEMPRE

11. Ajo com a convicção de que posso conquistar tudo o que ouso sonhar, não importa quais foram as minhas condições quando comecei ou quais são as minhas condições atuais.

QUANDO VOCÊ TEM ESSA ATITUDE?
☐ NUNCA
☐ RARAMENTE
☐ ÀS VEZES
☐ COM FREQUÊNCIA
☐ QUASE SEMPRE

12. Sou capaz de seguir em frente na minha jornada e chegar ao meu objetivo sem fazer papel de vítima, sem reclamar, afastando da minha vida toda e qualquer energia derrotista.

QUANDO VOCÊ TEM ESSA ATITUDE?
☐ NUNCA
☐ RARAMENTE
☐ ÀS VEZES
☐ COM FREQUÊNCIA
☐ QUASE SEMPRE

13. Uso a criatividade para superar a maioria dos meus problemas e abrir novos caminhos. Não me prendo a "soluções que já vêm prontas", mas que não funcionam em grande parte das vezes. Busco usar a criatividade como ferramenta para a busca de novas soluções, consciente de que é a prática que gera a inovação.

QUANDO VOCÊ TEM ESSA ATITUDE?
☐ NUNCA
☐ RARAMENTE
☐ ÀS VEZES
☐ COM FREQUÊNCIA
☐ QUASE SEMPRE

14. Mantenho o equilíbrio pessoal, estabelecendo a harmonia entre as diversas formas de riqueza na minha vida: financeira, espiritual, profissional, saúde, contribuição e família.

QUANDO VOCÊ TEM ESSA ATITUDE?
☐ NUNCA
☐ RARAMENTE
☐ ÀS VEZES
☐ COM FREQUÊNCIA
☐ QUASE SEMPRE

15. Empreendo em meu CPF antes de empreender no CNPJ, com a consciência de que sou o grande empreendedor da minha história e que todo grande negócio começa antes na nossa mente.

QUANDO VOCÊ TEM ESSA ATITUDE?
- ☐ NUNCA
- ☐ RARAMENTE
- ☐ ÀS VEZES
- ☐ COM FREQUÊNCIA
- ☐ QUASE SEMPRE

16. Procuro investir bem meu dinheiro, não importa qual seja o valor, com paciência constante e disciplina genuína de investidor, estudando técnicas de aplicação e pondo em prática o que aprendo.

QUANDO VOCÊ TEM ESSA ATITUDE?
- ☐ NUNCA
- ☐ RARAMENTE
- ☐ ÀS VEZES
- ☐ COM FREQUÊNCIA
- ☐ QUASE SEMPRE

17. Quero mais do que os outros porque sei que querer mais me leva a realizar mais. Admito que mereço mais, esforço-me e me dedico mais do que os outros quando a questão é realizar o que planejei. Faço mais do que o necessário para cumprir as tarefas e materializar meus ideais e meu propósito de vida.

QUANDO VOCÊ TEM ESSA ATITUDE?
- ☐ NUNCA
- ☐ RARAMENTE
- ☐ ÀS VEZES
- ☐ COM FREQUÊNCIA
- ☐ QUASE SEMPRE

18. Não sou só o protagonista, mas também o escritor, o roteirista e o diretor do filme da minha vida, jamais terceirizando a minha história e o meu destino.

QUANDO VOCÊ TEM ESSA ATITUDE?
- ☐ NUNCA
- ☐ RARAMENTE
- ☐ ÀS VEZES
- ☐ COM FREQUÊNCIA
- ☐ QUASE SEMPRE

19. Sou ágil e assertivo, vivendo em um ritmo acelerado e direcionado para os meus objetivos, sem gastar energia reclamando daquilo que me falta e aproveitando totalmente o que está à minha disposição. Agilidade é o nome principal do jogo a que me dedico diariamente.

QUANDO VOCÊ TEM ESSA ATITUDE?
- ☐ NUNCA
- ☐ RARAMENTE
- ☐ ÀS VEZES
- ☐ COM FREQUÊNCIA
- ☐ QUASE SEMPRE

20. Coloco todo o meu esforço e o meu entusiasmo em ação para converter minhas ideias em planos e estratégias concretas e alcançar meus objetivos.

QUANDO VOCÊ TEM ESSA ATITUDE?
- ☐ NUNCA
- ☐ RARAMENTE
- ☐ ÀS VEZES
- ☐ COM FREQUÊNCIA
- ☐ QUASE SEMPRE

21. Ouso agir e inovar, inclusive correndo os riscos necessários para implementar minhas ideias e atingir meus sonhos.

QUANDO VOCÊ TEM ESSA ATITUDE?
- ☐ NUNCA
- ☐ RARAMENTE
- ☐ ÀS VEZES
- ☐ COM FREQUÊNCIA
- ☐ QUASE SEMPRE

22. Recuso-me a viver no lugar comum, no piloto automático. Não aceito o comodismo nem a acomodação.

QUANDO VOCÊ TEM ESSA ATITUDE?
- ☐ NUNCA
- ☐ RARAMENTE
- ☐ ÀS VEZES
- ☐ COM FREQUÊNCIA
- ☐ QUASE SEMPRE

23. Sou criativo, assertivo, proativo e um "resolvedor" de problemas. Sei que o mundo pertence a quem resolve contratempos, a quem desenvolve soluções, e faço disso minha principal estratégia empreendedora. Aprimoro a cada dia a minha capacidade de transformar cada adversidade em oportunidade.

QUANDO VOCÊ TEM ESSA ATITUDE?
☐ NUNCA
☐ RARAMENTE
☐ ÀS VEZES
☐ COM FREQUÊNCIA
☐ QUASE SEMPRE

24. Olho para os obstáculos como desafios e os enfrento de maneira positiva, elevando minha capacidade de empreender e, assim, ampliar meus resultados.

QUANDO VOCÊ TEM ESSA ATITUDE?
☐ NUNCA
☐ RARAMENTE
☐ ÀS VEZES
☐ COM FREQUÊNCIA
☐ QUASE SEMPRE

25. Ajo e faço acontecer o tempo todo, e não dou espaço para o surgimento de elementos com potencial de me fazer desistir.

QUANDO VOCÊ TEM ESSA ATITUDE?
☐ NUNCA
☐ RARAMENTE
☐ ÀS VEZES
☐ COM FREQUÊNCIA
☐ QUASE SEMPRE

26. Tenho como dogma que a vida é uma "questão de fazer até dar certo e não apenas se der certo".

QUANDO VOCÊ TEM ESSA ATITUDE?
☐ NUNCA
☐ RARAMENTE
☐ ÀS VEZES
☐ COM FREQUÊNCIA
☐ QUASE SEMPRE

27. Não aceito o impossível. Tenho plena consciência de que o "impossível" é feito de "várias partes possíveis" quando ajo com a determinação, a dedicação, o compromisso e o planejamento necessários. Sei quando dividir um problema complexo em pequenas partes mais simples para resolvê-lo de modo mais efetivo e organizado. Faço do impossível um desafio, transformando-o em algo possível e o resolvendo.

QUANDO VOCÊ TEM ESSA ATITUDE?
- ☐ NUNCA
- ☐ RARAMENTE
- ☐ ÀS VEZES
- ☐ COM FREQUÊNCIA
- ☐ QUASE SEMPRE

28. Sou um inconformado patológico. Jamais estou satisfeito com o que conquistei. Sempre quero e faço mais. Nunca descanso sobre os louros da vitória. Transformo cada conquista em estímulo para o desafio seguinte. Meu inconformismo e vontade de fazer sempre mais tem um enorme potencial interior, de modo que sou capaz de revolucionar a realidade.

QUANDO VOCÊ TEM ESSA ATITUDE?
- ☐ NUNCA
- ☐ RARAMENTE
- ☐ ÀS VEZES
- ☐ COM FREQUÊNCIA
- ☐ QUASE SEMPRE

29. Sei que a obstinação é um estado de espírito, um estilo de vida em que o único resultado aceitável é ser um triunfador, seja na vida pessoal, seja nos negócios. Possuo um estado de espírito elevado, que me move sempre para a vitória, para a realização e para o bem comum.

QUANDO VOCÊ TEM ESSA ATITUDE?
- ☐ NUNCA
- ☐ RARAMENTE
- ☐ ÀS VEZES
- ☐ COM FREQUÊNCIA
- ☐ QUASE SEMPRE

30. Sou inspirador no meu modo de ser, pensar, agir e conquistar o que desejo. Motivo e inspiro positivamente as pessoas ao meu redor. Sei que o sucesso deixa rastros e faço questão de marcar meus caminhos para que outros possam segui-lo. Subo na vida ajudando as pessoas, levando comigo para o topo todos que participam da minha jornada. Nunca deixo ninguém para trás.

QUANDO VOCÊ TEM ESSA ATITUDE?

☐ NUNCA
☐ RARAMENTE
☐ ÀS VEZES
☐ COM FREQUÊNCIA
☐ QUASE SEMPRE

Agora faça a avaliação dos seus resultados

Para calcular o total de pontos que você atingiu neste teste, proceda da seguinte maneira:

Primeiro, conte e anote quantas respostas você deu em cada uma das opções:

A = Número de vezes que você respondeu **"Nunca"** = ...

B = Número de vezes que você respondeu **"Raramente"** = ...

C = Número de vezes que você respondeu **"Às vezes"** = ...

D = Número de vezes que você respondeu **"Com frequência"** = ...

E = Número de vezes que você respondeu **"Quase sempre"** = ...

Agora faça o seguinte cálculo:
Total de pontos[47] = B + (2 x C) + (3 x D) + (4 x E) = ...

---

[47] Observe que o valor "A" não foi levado em conta nesse cálculo. Não se preocupe, a fórmula funciona dessa forma mesmo.

Vou dar um exemplo para ficar mais claro:

Suponha que a pessoa conseguiu os seguintes resultados:

A = Número de vezes que você respondeu **"Nunca"** = **4**

B = Número de vezes que você respondeu **"Raramente"** = **8**

C = Número de vezes que você respondeu **"Às vezes"** = **6**

D = Número de vezes que você respondeu **"Com frequência"** = **7**

E = Número de vezes que você respondeu **"Quase sempre"** = **5**

O cálculo ficaria assim:

Total de pontos = **8** + (2 x **6**) + (3 x **7**) + (4 x **5**) = **61 pontos**

Um gráfico lhe dará maior clareza

Caso você tenha mais facilidade de compreender comunicações visuais, é interessante assinalar as quantidades de suas respostas em um gráfico. Desse modo você terá um quadro geral comparativo, a partir do qual pode tomar suas decisões de ações estratégicas mais facilmente. Veja como ficaria o gráfico, no caso do exemplo que acabamos de analisar:

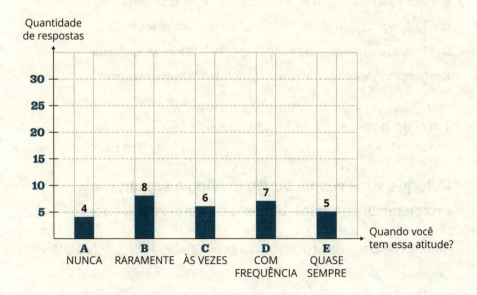

Seja um fodido obstinado

É interessante observar que quanto maior o número de respostas à esquerda do gráfico, menos Fodido Obstinado a pessoa está. Por conseguinte, quanto mais respostas à direita do gráfico, maior é a condição de Fodido Obstinado que a pessoa tem.

Agora é a sua vez!

Use o nosso *Termômetro do Fodido Obstinado* para descobrir qual é a temperatura em que o sangue que corre nas suas veias está, quando falamos em termos de ser um empresário fodido obstinado. Vamos descobrir o quanto você está aquecido para essa jornada:

1. Responda a todas as questões propostas.

2. Conte e anote quantas respostas você deu em cada uma das opções.

   A = Número de vezes que você respondeu **"Nunca"** = ...
   B = Número de vezes que você respondeu **"Raramente"** = ...
   C = Número de vezes que você respondeu **"Às vezes"** = ...
   D = Número de vezes que você respondeu **"Com frequência"** = ...
   E = Número de vezes que você respondeu **"Quase sempre"** = ...

Total de pontos = B + (2 x C) + (3 x D) + (4 x E) = ...

Coloque suas respostas no gráfico a seguir, para enxergar com maior clareza os seus resultados.

Pinte as colunas de acordo com a quantidade de respostas que você deu em cada caso.

O termômetro do fodido obstinado

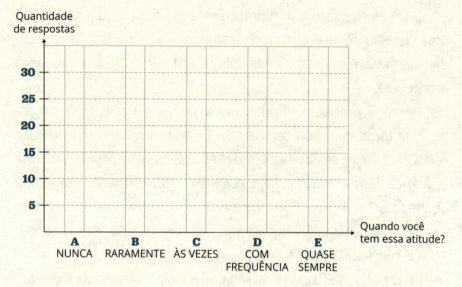

Olhe atentamente para o gráfico, veja em que casos você precisa investir mais tempo e energia e perceba quais estratégias se mostrarão mais eficazes para o seu progresso, para conseguir condições que favoreçam a sua jornada de empreendedor fodido obstinado.

Faça agora a avaliação qualitativa dos seus resultados

Anote aqui **o total de pontos** que você conseguiu:

Agora, com base no seu **total de pontos**, avalie *como está a temperatura do seu sangue de fodido obstinado*, de acordo com a classificação a seguir:

0 a 30 pontos – POUCO FODIDO OBSTINADO – o sangue que corre em suas veias está frio no que diz respeito à temperatura necessária para ser um fodido obstinado. O que fazer?

O primeiro ponto é decidir tornar-se um fodido obstinado. Sem uma decisão séria e compromissada com o rumo que você quer dar à sua vida e aos seus negócios, dificilmente alguma mudança acontecerá.

Depois é preciso continuar buscando subsídios e conhecimentos que facilitem a sua caminhada. É muito importante que você releia este livro e se detenha em ações práticas que promovam uma mudança de mindset que favoreça a sua transformação em fodido obstinado.

No caso de você se enquadrar nesta classificação, é recomendável – e imprescindível até – que você participe ativamente do movimento Os Obstinados, da imersão CSR (Código Secreto da Riqueza), da Mentoria MBN (Million Business Network) e de outros programas de fortalecimento de suas estratégias, em que receberá apoio para gerar as mudanças necessárias em sua vida.

31 a 60 pontos – MEDIANAMENTE FODIDO OBSTINADO – o sangue que corre em suas veias está morno quanto à temperatura necessária para ser um fodido obstinado.

Você já começou a caminhada rumo ao sucesso como empreendedor, mas ainda precisa colocar mais lenha nessa fogueira para elevar a sua temperatura.

Continue buscando aprendizados que facilitem a sua ascensão, sempre lembrando de colocar em prática o conhecimento que angariar. Repasse os conceitos e as práticas sugeridas neste livro e reforce o vínculo com o seu compromisso de fazer dar certo.

No seu caso também é recomendável e imprescindível que você participe do movimento Os Obstinados, da imersão CSR (Código Secreto da Riqueza), da Mentoria MBN (Million Business Network) e de outros programas de fortalecimento de estratégias empresariais.

61 a 90 pontos – MUITO FODIDO OBSTINADO – o sangue que corre em suas veias está bastante quente, em uma temperatura muito boa, típica de um fodido obstinado. Mas você pode – e deve – ir além. Afinal, como um representante típico dos fodidos obstinados, você sabe que merece sempre mais e, por essa razão, quer sempre mais.

Portanto, a hora é de alavancar seus recursos e conhecimentos e elevar ainda mais a temperatura do seu sangue. Continue buscando cultura e sabedoria que facilitem a sua ascensão, sempre lembrando de colocar em prática todo conhecimento que angariar.

Repasse, estude a fundo e interiorize os conceitos e práticas sugeridos neste livro, e reforce o vínculo com o seu compromisso de realizar tudo o que você planeja para sua vida.

Também é recomendável que você participe do movimento Os Obstinados, da imersão CSR (Código Secreto da Riqueza), da Mentoria MBN (Million Business Network), do Master Mind BBN (Billion Business Network) e de outros programas de fortalecimento de estratégias de sucesso empresarial, principalmente porque você, além de receber apoio, também pode transmitir aos outros tudo o que você já aprendeu e comprovou dar certo em sua vida. Você já é uma pessoa em que muitos podem se inspirar.

91 a 120 pontos – UM FODIDO OBSTINADO IMPARÁVEL – o sangue que corre em suas veias está fervendo e você é um verdadeiro fodido obstinado, que nada nem ninguém atrapalha.

Seu destino é ir além do topo do pódio. Você já sabe que tudo é possível quando coloca a sua energia na realização dos seus sonhos. Sua determinação e convicção de vitória mantêm seu sangue fervendo e geram uma poderosa energia de realização.

Como já foi dito, conhecimento nunca é demais, principalmente quando aplicado em suas práticas diárias de empreendedorismo.

Continue em busca de aprendizado e colocando tudo em prática, inclusive os conceitos e práticas aconselhados nesta obra, e reforce o seu compromisso de fazer acontecer tudo o que você deseja.

Será um ato de grande generosidade sua, além de recomendável, que você participe do movimento Os Obstinados, da imersão CSR (Código Secreto da Riqueza), da Mentoria MBN (Million Business Network), do Master Mind BBN (Billion Business Network) e de outros programas de fortalecimento de estratégias empresariais, pois além de receber apoio você poderá ensinar tudo que aprendeu e funcionou em sua vida. Você já pode servir de inspiração e sua participação beneficiará a todos e colaborará na formação de uma autêntica sinergia.

Algumas recomendações especiais

Qualquer que seja o caso em que você se enquadre, dê atenção especial aos itens que assinalou com "Nunca", "Raramente" e "Às vezes". Procure trabalhá-los com cuidado especial porque esses pontos estão travando o seu progresso.

Quanto aos itens que assinalou com "Com frequência" e "Quase sempre", use-os como motivadores para continuar investindo em seu crescimento na direção de tornar-se cada vez mais fodido e obstinado e inspirar muitas outras pessoas a fazerem o mesmo.

Independentemente do resultado que alcançou neste teste, lembre-se de que sempre há condições de melhorar o seu desempenho e mudar a sua situação, afinal, todos temos dentro de nós um obstinado adormecido que pode ser transformado em um fodido obstinado. Só depende da sua decisão, das suas ações, dos seus pensamentos, do que acredita e do seu empenho.

Lembre-se de que **você está** nessa condição, mas **você não é** essa condição. Você pode mudar toda a sua história e tornar-se um fodido obstinado imparável caso você decida fazer isso e comece a empreender as ações necessárias para chegar lá. Somente você tem o poder de mudar a sua vida.

Siga em frente e aprenda o máximo que puder com a leitura deste livro. Refaça o teste de vez em quando para aferir suas ferramentas de trabalho em sua transformação em um empreendedor fodido obstinado.

Com base nos resultados aqui obtidos e na leitura deste texto, você já pode traçar sua estratégia para se tornar cada vez mais um empreendedor fodido obstinado, com o sangue fervendo em suas veias, pronto para conquistar o sucesso, a prosperidade, a riqueza e ser feliz em abundância.

14

Seja o obstinado que o mundo quer e do qual precisa

Depois de tudo que já conversamos sobre ser o dono da sua vida e do seu sucesso, quero lhe dizer um pouco mais: no mundo de hoje você precisa ir além de tudo o que a maioria faz. Você precisa se tornar um *obstinado com atitude mental exponencial*. E o que isso quer dizer? Significa que você precisa ser um obstinado com um Propósito Transformador Massivo.

O Propósito Transformador Massivo é uma declaração de objetivo que representa um fator essencial para alavancar sua carreira profissional, seus empreendimentos. É um propósito simples, mas ambicioso, que expande seus horizontes e o do grupo de pessoas envolvidas em seu empreendimento, em sua empresa, ou mesmo em sua comunidade ou em seu movimento social.

É preciso deixar de lado o velho conceito de missão, de visão e de valores aplicados ao seu empreendimento. Você deve expandir esse universo e usar o Propósito Transformador Massivo de modo a proporcionar crescimentos exponenciais, muito superiores aos de empresas tradicionais lineares.

Você deve ser motivado por um propósito claro e muito bem-definido, uma razão de ser que não seja simplesmente gerar lucros. É preciso ir além disso. Quando falamos em identificar seu Propósito Transformador Massivo pretendemos responder a questões viscerais, tais como: há sentido em você viver para trabalhar nesse empreendimento? Existe algum propósito bom o suficiente para você dedicar ao menos um terço do seu tempo de vida a essas atividades? Essas atividades lhe trazem felicidade? Ou, ainda: por que a sua empresa foi criada? Qual é o propósito da sua organização?

Quando falamos em Propósito Transformador Massivo, referimo-nos ao próximo patamar da evolução humana. Estamos considerando o quanto realmente podemos fazer uma diferença positiva no mundo e encontrar um verdadeiro significado àquilo que fazemos.

O Propósito Transformador Massivo é um novo paradigma, maior que uma simples declaração de missão. É uma ideia altamente inspiracional, que deve seguir como guia para um indivíduo ou grupo, uma empresa, uma organização, uma comunidade ou outros tantos agrupamentos sociais. No mundo de hoje podemos reconhecer muitos bons exemplos de Propósito Transformador Massivo, que nos dão uma ideia da dimensão em que devemos cada vez mais nivelar nossos próprios propósitos:

- "Ideias que valem a pena compartilhar", dos vídeos educacionais TED;
- "Organize as informações do mundo", do buscador Google;
- "Trazer avanços radicais para o benefício da humanidade", da X Prize Foundation;
- "Impactar positivamente um bilhão de pessoas", da Singularity University;
- "Oferecer transporte seguro, acessível e de qualidade a quem precisa se deslocar", da Uber;
- "Tornar acessível aos interessados uma ampla variedade de filmes e séries, além de oferecer uma ferramenta prática e fácil", da Netflix;

- "Fabricar cosméticos de maneira ecológica, com o mínimo de agressão ao meio ambiente e inserindo as comunidades locais no processo", da Natura;
- "Acelerar a transição para o transporte sustentável", da gigante da tecnologia Tesla.

Quando você tem um Propósito Transformador Massivo, está focado além do que é possível realizar hoje; sua visão está em criar um futuro diferente e disruptivo. Esse elemento de inspiração é o que inflama a sua paixão e engaja o seu coração e a sua mente para você realizar cada vez mais e motivar pessoas a trabalharem juntas para alcançarem seus objetivos. É algo que une e incentiva a ação e a transformação.

O mundo passa hoje por mudanças que estão colocando em xeque a eficiência da maioria dos métodos utilizados pelas empresas, que estão sendo pressionadas a alterar rapidamente a sua forma de atuação. As mudanças ocorrem numa velocidade tão grande que, mais do que nunca, é preciso inovação e atualização por parte dos empreendedores.

A mentalidade utilizada até então, que tem como propósito fazer melhorias em algo já existente, está dando lugar à mentalidade exponencial, uma que se refere à capacidade de pensar além de querer apenas adicionar pequenos ganhos ao que já está estabelecido, focando atingir objetivos grandes e ousados. Essa mentalidade permite ver mais longe e tem a ver com o fazer diferente.

Uma mentalidade exponencial permite definir metas que têm a capacidade de levar sua empresa para níveis fora da imaginação, conseguindo resultados extraordinários se comparados com indivíduos de mentalidade linear.

O *empreendedor obstinado com atitude mental exponencial* está sempre muito atento e sintonizado com tudo que acontece ao seu redor e no mundo. Ele tem plena consciência da evolução rápida e da impermanência de todas as coisas. Com agilidade imparável, ele se adapta às mudanças com facilidade e deixa para trás os paradigmas que não funcionam mais, substituindo-os por modelos modernos e atualizados, condizentes com sua visão ambiciosa de futuro e com sua incomparável capacidade de inovação.

Esses empreendedores fazem crescer extraordinariamente seus negócios enquanto impactam positivamente a sociedade. Eles sabem quais são as dores que necessitam ser curadas e resolvem os problemas mais complicados que as sociedades modernas enfrentam, beneficiando milhares de pessoas.

Munido com um Propósito Transformador Massivo e o aplicando em seus negócios, o *empreendedor obstinado com atitude mental exponencial* tem em suas mãos o poder de promover o crescimento desejado para gerar o diferencial que ele quer ver manifestado. Esse é o verdadeiro Empresário Fodido Obstinado Imparável.

Mais do que obstinado

Conforme afirmei desde o início desta obra, repito que o mundo do sucesso e da riqueza pertence aos obstinados. Ou você é ou se torna um obstinado, ou estará fora do páreo, cairá no desânimo e no esquecimento, deixando até mesmo de acreditar que merece o melhor desta vida.

Sou um empreendedor social que cuida com enlevo da educação, procurando sempre promover o crescimento das pessoas. Procuro também ser inspiração para que elas acreditem e lutem pelos seus sonhos e pelo que realmente tem valor em suas vidas. Atesto que,

Seja o obstinado que o mundo quer e do qual precisa

por meio da busca por conhecimento, sendo resiliente e dedicando-se ao trabalho íntegro e ao seu empreendimento, o obstinado pode conquistar tudo, independentemente de onde ele veio e de seu estado atual.

Ao longo de minha jornada como empreendedor constatei que existem dois tipos de pessoas: as que se deixam dominar pela ignorância, em vez de procurar superá-la com a educação, e as que já nascem ou são posteriormente contaminadas pelo vírus do conhecimento, da ação, da curiosidade e do dinamismo, tornando-se obstinadas em alcançar suas metas.

Minha vida é uma prova real de que a obstinação é uma das principais chaves para o sucesso. Sempre transformei meus sonhos em realidade porque, de maneira intensa, veemente e proativa, combato a ignorância com a luta incessante por conhecimento. Por isso afirmo sem medo de errar que se você, como eu, escolher ser uma pessoa proativa e incansável, tornando-se um obstinado e combatendo intensamente a ignorância, as páginas deste livro irão ajudá-lo a mudar a sua vida da água para o vinho, transformando-o em um vencedor, em um milionário ou, quem sabe, um bilionário.

Tornei-me um obstinado pelo sucesso superando os reveses que tive na minha jornada, e resolvi escrever este livro para ajudá-lo a compreender e trabalhar um pouco melhor também seu aspecto emocional no dia a dia, de maneira que você possa se tornar tão obstinado quanto precisar para realizar-se e conquistar o sucesso que deseja e merece.

Estando isso entendido e consolidado em nossa maneira de pensar, quero agora lhe dizer que desejo que você aproveite tudo o que leu aqui e se torne um obstinado imparável. Mais do que isso, torço para que você se torne um "fodido obstinado", capaz de expressar esse movimento que estamos criando juntos e unir forças com as pessoas que também desejam aumentar suas chances de sucesso e riqueza.

Faço questão de reforçar aqui que um fodido obstinado é todo aquele empreendedor que sonha grande, faz dos seus sonhos um projeto de vida e trabalha muito para transformá-los em realidade. E quando realiza um sonho, imediatamente volta a sonhar, recomeça o processo e segue em frente, realizando mais sonhos e transformando a realidade por onde passa.

Lembre-se: a obstinação é um estado de espírito, um estilo de vida, em que o único resultado aceitável é a vitória. Não importa onde iniciam sua jornada, quais são os desafios e as pedras que aparecem no caminho, os fodidos obstinados sempre descobrem como chegar aonde querem. Eles têm dentro de si a alma de um guerreiro que jamais desiste da luta.

Enfim, agora que você já sabe como se tornar um obstinado e possivelmente já incorporou muitos dos recursos necessários para isso, convido você a ir além, a dar o próximo passo e descobrir tudo que ainda pode realizar, tornando-se um fodido obstinado imparável.

Esse é o caminho que vai levá-lo ao ponto mais alto de tudo o que ousar desejar e empreender. Seja bem-vindo ao time dos vencedores extraordinários!

São Paulo, setembro de 2022

Janguiê Diniz

A obstinação é um estado de espírito, um estilo de vida, em que o único resultado aceitável é a vitória.

Bibliografia

LIVROS PUBLICADOS

DINIZ, J. **A arte de empreender**: manual do empreendedor e do gestor das empresas de sucesso. Barueri: Novo Século, 2018.

DINIZ, J. **A sentença no processo trabalhista**: teoria e prática. Brasília: Consulex, 1996.

DINIZ, J. **Ação rescisória dos julgados**. 2. ed. São Paulo: GEN/Atlas, 2016.

DINIZ, J. **Atuação do Ministério Público do Trabalho como árbitro nos dissídios individuais de competência da justiça do trabalho**. São Paulo: LTr, 2005.

DINIZ, J. **Axiomas da prosperidade**. Barueri: Novo Século, 2019.

DINIZ, J. **Desista de desistir**. Barueri: Novo Século, 2022.

DINIZ, J. **Desvelo** (Poemas). Recife: Bargaço, 1990. Reed. 2011.

DINIZ, J. **Discursos em palavras e pergaminho**. Barueri: Novo Século, 2018.

DINIZ, J. **Educação na Era Lula**. Rio de Janeiro: Lumen Juris, 2011.

DINIZ, J. **Educação superior no Brasil**. Rio de Janeiro: Lumen Juris, 2007.

DINIZ, J. **Fábrica de vencedores**: aprendendo a ser um gigante. Barueri: Novo Século, 2018.

DINIZ, J. **Falta de educação gera corrupção**. Barueri: Novo Século, 2018.

DINIZ, J. **Inovação em uma sociedade disruptiva**. Barueri: Novo Século, 2019.

DINIZ, J. **Manual para pagamento de dívidas com títulos da dívida pública**. Brasília: Consulex, 1998.

DINIZ, J. **Ministério Público do Trabalho**: ação civil pública, ação anulatória, ação de cumprimento. 2. ed. São Paulo: GEN/Atlas, 2016.

DINIZ, J. **O Brasil da política e da politicagem**: desafios e perspectivas. Rio de Janeiro: Sextante, 2017.

DINIZ, J. **O Brasil e o mundo sob o olhar de um brasileiro**. Rio de Janeiro: Lumen Juris, 2012.

DINIZ, J. **O código secreto da riqueza**: 12 chaves que lhe trarão sucesso, prosperidade e riqueza financeira. São Paulo: Editora Gente, 2021.

DINIZ, J. **O Direito e a justiça do trabalho diante da globalização**. São Paulo: LTr, 1999.

DINIZ, J. **O poder da ação**. Barueri: Novo Século, 2022.

DINIZ, J. **O sucesso é para todos**: manual do livro Fábrica de vencedores. Barueri: Novo Século, 2018.

DINIZ, J. **Os recursos no processo trabalhista**: teoria, prática e jurisprudência. 5. ed. São Paulo: Atlas, 2015.

DINIZ, J. **Política e economia na contemporaneidade**. Rio de Janeiro: Lumen Juris, 2012.

DINIZ, J. **Temas de processo trabalhista**, v. 1. Brasília: Consulex, 1996.

DINIZ, J. **Transformando sonhos em realidade**: a trajetória do ex-engraxate que chegou à lista da Forbes. Barueri: Novo Século, 2015.

DINIZ, J. **Vem ser S/A**: lições de empreendedores de sucesso, w. 1-3. Barueri: Novo Século, 2022.

PUBLICAÇÕES EM COORDENAÇÃO

1. **Estudo de Direito Processual** (trabalhista, civil e penal). Brasília: Consulex, 1996.
2. **Estudos de Direito Constitucional** (administrativo e tributário). Brasília: Consulex, 1998.
3. **Direito Processual** (penal, civil, trabalhista e administrativo). Recife: Litoral, 1999.
4. **Direito Constitucional** (administrativo, tributário e filosofia do Direito), v. 2. Brasília: Esaf, 2000.
5. **Direito Penal** (processo penal, criminologia e vitimologia), v. 3. Brasília: Esaf, 2002.
6. **Direito Constitucional** (administrativo, tributário e gestão pública), v. 4. Brasília: Esaf, 2002.
7. **Direito Civil** (processo trabalhista e processo civil), v. 5. Brasília: Esaf, 2002.
8. **Direito** (coletânea jurídica), v. 6. Recife: Ibed, 2002.379
9. **Direito & Relações Internacionais**, v. 7. Recife: Ibed, 2005.
10. **Direito Processual** (civil, penal, trabalhista, constitucional e administrativo). Recife: Ibed, 2006.
11. **Revista de Comunicação Social**, v. 1 (Anais do Congresso de Comunicação), Recife, Faculdade Maurício de Nassau, 2005.
12. **Sapere: Revista Bimestral do Curso de Comunicação Social**, Recife, v. 1, 2006.
13. **Revista da Faculdade de Direito Maurício de Nassau**, Recife, ano 1, n. 1, 2006.
14. **Revista do Curso de Administração da Faculdade Maurício de Nassau**, Recife, v. 1, n. 1, abr.-set. 2006.
15. **Revista Turismo, Ciência e Sociedade**, Recife, v. 1, n. 1, abr.-set. 2006.
16. **Revista do Curso de Comunicação Social**, Recife, v. 1, 2006.
17. **Revista da Faculdade de Direito Maurício de Nassau**, Recife, ano 2, n. 2, 2007.

18. **Revista do Curso de Administração da Faculdade Maurício de Nassau**, Recife, v. 2, n. 2, jun.-jul. 2007.

19. **Revista da Faculdade de Direito Maurício de Nassau**, Recife, ano 3, n. 3, 2008.

20. **Revista da Faculdade de Direito Maurício de Nassau: Direito Constitucional**, Recife, v. 11, 2009.

21. **Revista da Faculdade de Direito Maurício de Nassau: Direito Público e Direito Processual**, Recife, v. 12, 2010.

Currículo do autor

- Graduado em Direito (UFPE).
- Graduado em Letras (Unicap).
- Pós-Graduado (Lato Sensu) em Direito do Trabalho – Unicap.
- Pós-Graduado (Lato Sensu) em Direito Coletivo – OIT – Turim – Itália.
- Especializado em Direito Processual Trabalhista – Esmape.
- Mestre em Direito – UFPE.
- Doutor em Direito – UFPE.
- Juiz Togado do Trabalho do TRT da 6ª Região de 1992 a 1993.
- Procurador Regional do Trabalho do Ministério Público da União – MPT 6ª Região de 1993 a 2013.
- Professor efetivo adjunto (concursado) da Faculdade de Direito do Recife – UFPE de 1994 a 2010.
- Professor de Processo Civil da Escola Superior da Magistratura de Pernambuco – Esmape (Licenciado).
- Professor Titular de Processo Trabalhista do Centro Universitário Maurício de Nassau (Uninassau).
- Reitor da Uninassau – Recife, de 18/06/2014 a 01/10/2018, da Universidade da Amazônia (Unama) de 28/10/2014 a 19/09/2018 e do Centro Universitário Universus Veritas – RJ (Univeritas), de 18/01/2017 a 30/11/2018.

- Chanceler da Uninassau, da Unama, da Univeritas, da Universidade Universus Veritas Guarulhos (UNG), do Centro Universitário do Norte (Uninorte) e do Centro Universitário Joaquim Nabuco (Uninabuco).

- Fundador, Acionista Controlador e Presidente do Conselho de Administração do Grupo Ser Educacional, mantenedor da Uninassau, Uninabuco, UNG, Univeritas, Unama, Uninorte, Unifacimed, Unesc, Unijuazeiro.

- Presidente do Instituto Latino Americano de Empreendedorismo e Desenvolvimento Sustentável – Instituto Êxito.

- Presidente do Sindicato das Instituições Particulares de Ensino Superior do Estado de Pernambuco (SIESPE) de 2001 a 2008.

- Presidente da Associação Brasileira das Mantenedoras de Faculdades Isoladas e Integradas (ABRAFI) de 2008 a 2016, atual presidente do Conselho de Administração.

- Presidente da Associação Brasileira das Mantenedoras do Ensino Superior (ABMES) de 2016 a 2019.

- Presidente do Fórum das Entidades Representativas do Ensino Superior Particular (Fórum) de 2016 a 2019.

- Criador e presidente do Movimento Filosófico Obstinados.

LIVROS PUBLICADOS

Este livro foi impresso
pela Edições Loyola
em papel pólen bold 70g em
maio de 2023.